暮らしを見直す10分間

気持ちに余裕ができるアイデア

おふみ

大和書房

定住を見据えた引越しを機に、植物を育て始めました。家の中に成長するものがあると希望になっていいなと感じています。

育てはじめた
グリーン

年中愛用している
ストライプシャツ

最近服はレンタルと購入半々で回しています。これは袖にもボタンがあり温度調節に重宝しています。

息抜きに
欠かせないお茶

作業時間の楽しみが飲み物。紅茶やほうじ茶の他にも、レモネード、梅白湯などで息抜きしています。

畳ベッドが
ソファ代わり

新しい暮らし、はじめています

リビングの小上がり的空間。
寝転んで映画鑑賞したり、
仕事で疲れたら横になって
休憩したり、自由に活用。

リビング横の
仕事部屋

スッキリと仕事しやすさを
両立すべく、配置を考えま
した。L字デスクは2つの
作業を同時進行でき便利。

はじめに

身軽な暮らしを続けるために

はじめましての方も
そうでない方も
こんにちは
イラストレーターで
整理収納
アドバイザーの
おふみと申します
かつては汚部屋状態
でしたが身軽に生きたい
と思いミニマリストに
家財道具全て
ハイエース1台に
載せて引越しできるまで
物量を減らしました
今も時折無性に
すくっ
収納の中身を
全部出して
片づけて
しまいたい！
という衝動に駆られる
ことがあります
みなさんも
全部出ししたく
なることって
ありませんか？
生きていると
不要なものが
溜まっていきます
使用期限が
切れているかも
しれない化粧品…
肌に合わな
かった
スキンケア
用品…
取りかかって
一旦ストップ
している
趣味…
使用頻度の
下がった
アクセサリー
そういうものを
定期的に手放して
身軽になりたいと
思うのです
かつて不要なものを
一気に手放したら
やりたかった仕事が
舞い込んだり
人との出会いが
あったり
好きな土地に
引越しできたり
人生の流れが
加速した感覚が
ありました

人生が流れる
流体だとすれば
不要なものを
手放すことで
「詰まりを取り除いて
流れがスムーズになる」
そんなイメージを
抱きました
人は変化しながら
生きているから
最近
使って
ないな…
かつて使っていたものが
不要になり
溜まっていくのは
自然なこと
ものだけでなく
習慣もこびりついて
いきがちです
疲れているのに
情報を取りに
いってしまう…
SNS断ち
したいのに
手が勝手に
スワイプしてしまう
生活していると
溜まっていく
もの・習慣・思い
この「澱《おり》」のようなものを
定期的に取り除く時間を
もちたいと思っています
1日10分でも
暮らしを見直す
時間がとれたら
身も心も
軽くなります
小さなことだけど
じわじわ効果はある
そんな身軽な暮らしを
キープするためにしている
ささやかな事柄について
紹介していきます

Contents

Part 5 未来への10分間

Part 6 心地よさをつくるために

Part 1

暮らしを見直す10分間

昨夏、引越しました。
暮らしの点検をしてみると、
見直せるところが
たくさんありました。
まずは10分、
暮らしのこれからを
考えてみませんか？

引越して見直したこと

定住目線で住まいを見たら

最近
住まい方が
変わり
まして…
ガチャ…
マンションを
買いました
好きな時に好きな土地を
選んで住めることに
魅力を感じて
10年で4回
引っ越しして、
うち3回は
ハイエースで
荷物を運んだ。
長らく賃貸派
だったのですが…
コロナ禍以降
夫婦共々ほぼ
リモート
ワークに
なったことで
それぞれの
仕事部屋を
確保
したいと
考える
ようになり
家にいる時間が増え
居心地について
考えるように
なりました

都内は住み心地がよくて長く住みたいと思ったこと
都内が住み心地良いと思う理由は…
都市公園が充実していたり…
(ピクニック好き)
毎週、画塾に通っていたり…
友人がたくさん住んでいたり
ビッグサイトに通いやすかったり
(オタクなので)
観劇という趣味を得て都内近郊の劇場に通える場所に住みたいと感じ
しばらく根を下ろして定住するのもいいなと考えました
定期的な引越し前提だと家財道具はコンパクトさ重視で選んでいましたが
折りたためるダイニングテーブル
寝袋と三ツ折マットレス
一旦定住するつもりになったことで
持ち運びやすさ以外のものさしが加わりました
理想のくつろぎ方を考えたり
過ごし方によって光を変えたり
インテリアのテイストの好みについて考えたり
暮らし方について考え直していろいろ実験してみることにしました
新しい住まいに触れながら暮らしについて考えたことをお話ししていきます

新居に移って約1年

引越して考えた新しい暮らし方

人生初、マンションを買いました。好きな時に好きな土地に移り住む暮らしが合っているのかなと感じていたのですが、舞台観劇という趣味を得て推しができたことで、都内の劇場に通いやすい立地を条件に住まいを探し始めました。

一旦定住するつもりになったことで、本当にしたいインテリアについても考えることができました。畳ベッドを置いてみたい、立ち座りで膝が痛むようになってきたので寝具はベッドもありかも、ベッドならロボット掃除機が適しているかもしれない、ということで気になりながらも放置してきたことにメスを入れるような感覚で、インテリアや家電、ものの持ち方についてもいろいろ実験をしてみることにしました。

陽あたりのいいリビングダイニング。ダイニングセットは前の住まいのものを持ってきました。

和室がなくなり、約10年ぶりにベッド生活に。眠る場所として極力シンプルにまとめています。

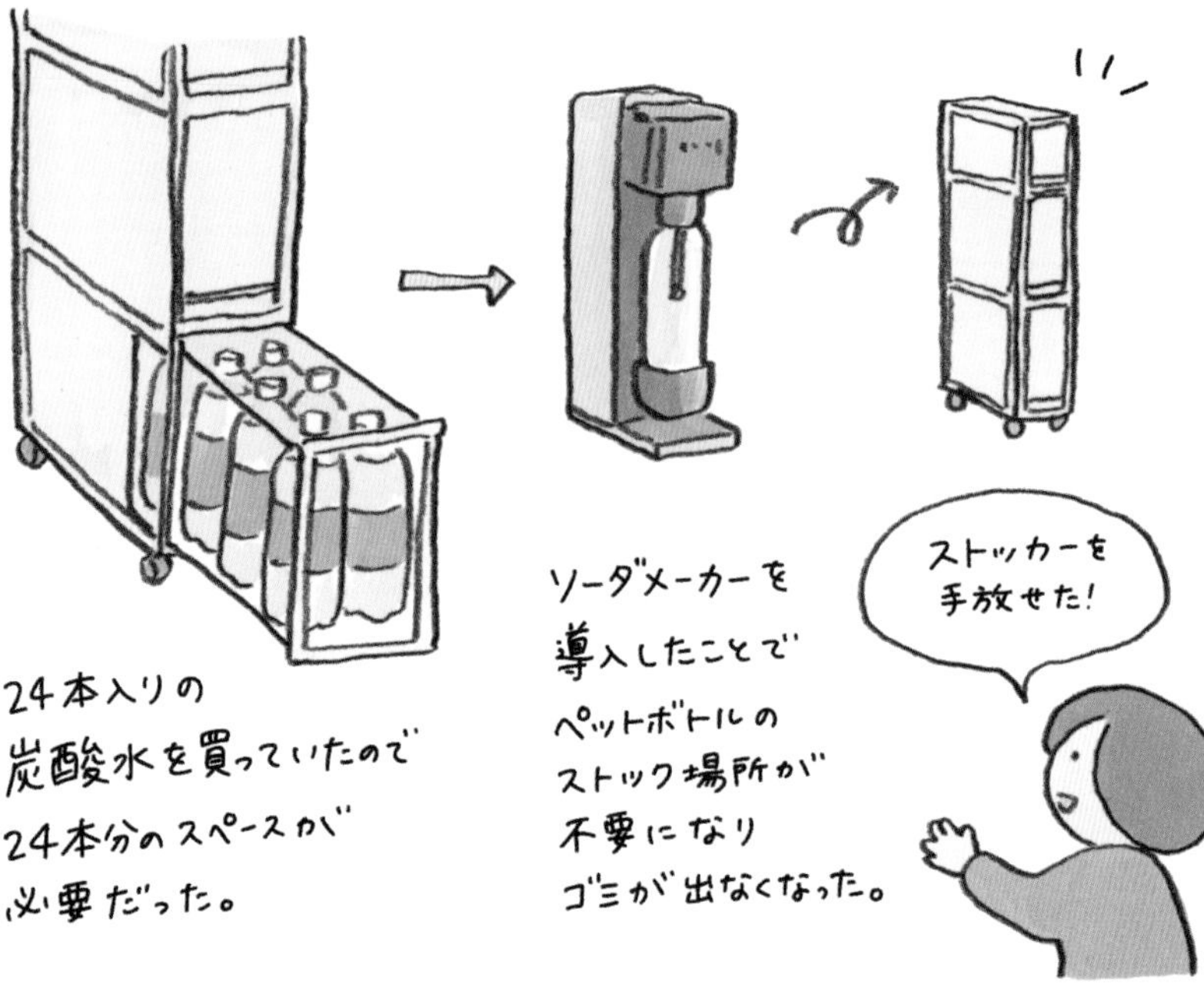
24本入りの
炭酸水を買っていたので
24本分のスペースが
必要だった。
ソーダメーカーを
導入したことで
ペットボトルの
ストック場所が
不要になり
ゴミが出なくなった。
ストッカーを
手放せた!

ストックの見直し

買い物がスペースを生むことも

　ものを1つ買い足すことで、劇的に空間が空くということを実感した出来事がありました。2022年にドリンクメイトというソーダメーカーを買ったのですが、必要なのはシンクの上22×13cmの面積と、ガスシリンダーのボトル2本を置くスペースだけ。もともとはお酒代わりにペットボトルの炭酸水を飲み始めたことで、肝臓にもお財布にも優しく満足していたのですが、大量のペットボトルのゴミの保管場所に悩まされていました。また、24本入りのものを注文していたので、ゴミを出せても新しい箱が届いたら今度はこれから飲むストックの置き場所も必要でした。

　ペットボトルからソーダメーカーに変えたことでストック場所が不要になり、使っていたストッカーの1つは手放すことができました。宅配の受け取り頻度も月に1回から半年に1回に減り、ゴミの管理も不要になり満足度の高い買い物でした。

ドリンクメイトにした決め手は水以外にも炭酸を入れられること。ジュースやワインにも入れられていつでもスパークリングワインを楽しめます。

炭酸の強さを調節できるので自分好みにカスタマイズできます。果汁を入れてフレーバーソーダをつくって楽しんでいます。

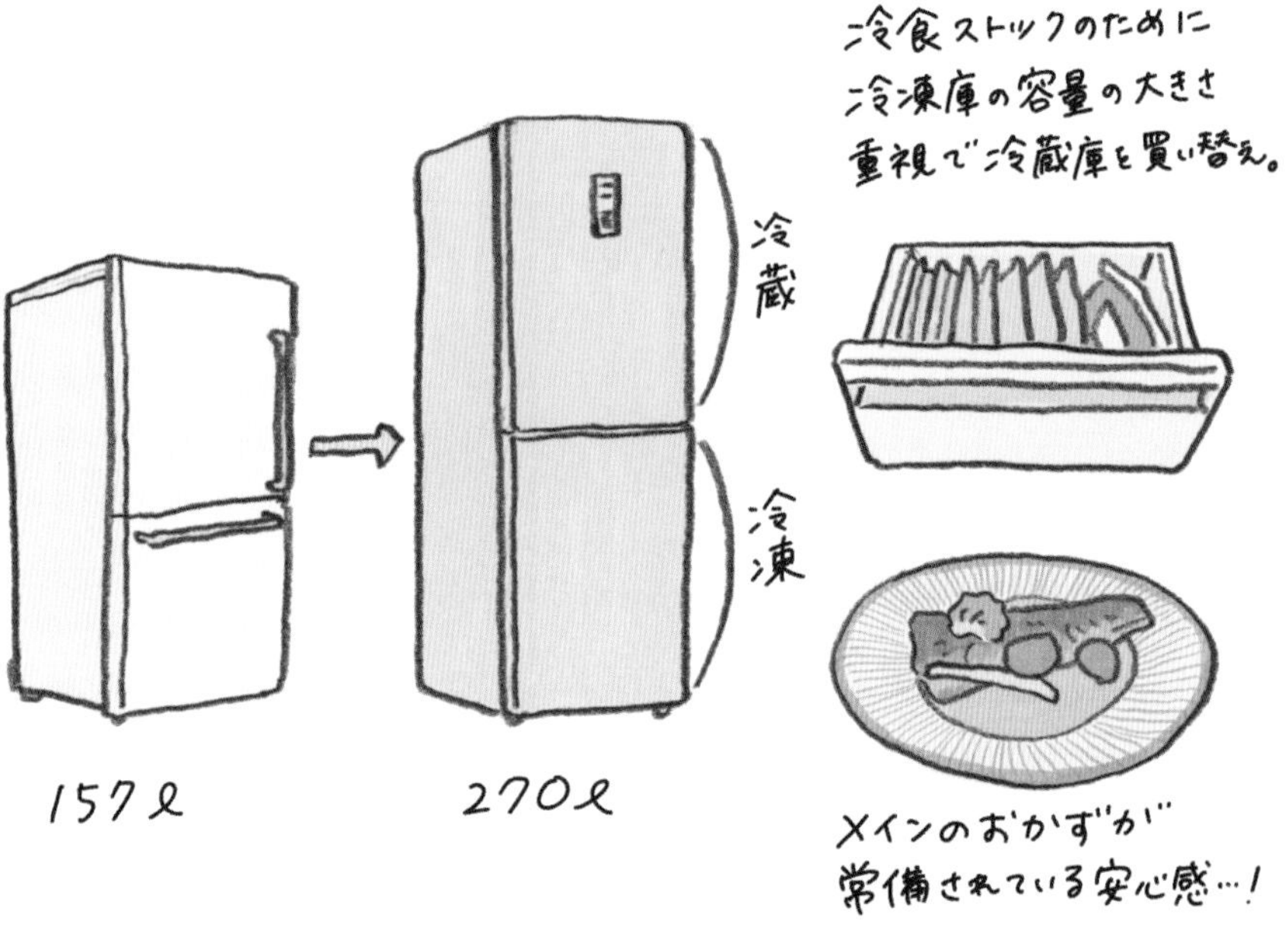
冷食ストックのために
冷凍庫の容量の大きさ
重視で冷蔵庫を買い替え。
冷蔵
冷凍
157ℓ
270ℓ
メインのおかずが
常備されている安心感…！

冷蔵庫の見直し

半分冷凍庫が大正解

　引越しを機に、冷蔵庫を１５７ℓのものから２７０ℓのものに買い替えました。コロナ禍以前は、家の近所のスーパーやコンビニを冷蔵庫の拡張版と考えていて、いつでも近くで食材を調達できるから自宅の冷蔵庫はごく小さなサイズでいいという考えで、一人暮らし用サイズのものを使っていたのです。

　しかし、コロナ禍初期には生鮮食品の買い占めもありましたし、昨今は天災も多く、ある程度、自宅避難できる食料備蓄があったほうがいいと考えるようになったため、今回、冷蔵庫の容量を大きくして買い替えました。現在の冷蔵庫は半分が冷凍庫です。冷食の収納もでき、忙しい共働きのおうちには冷凍庫重視の冷蔵庫、おすすめです。

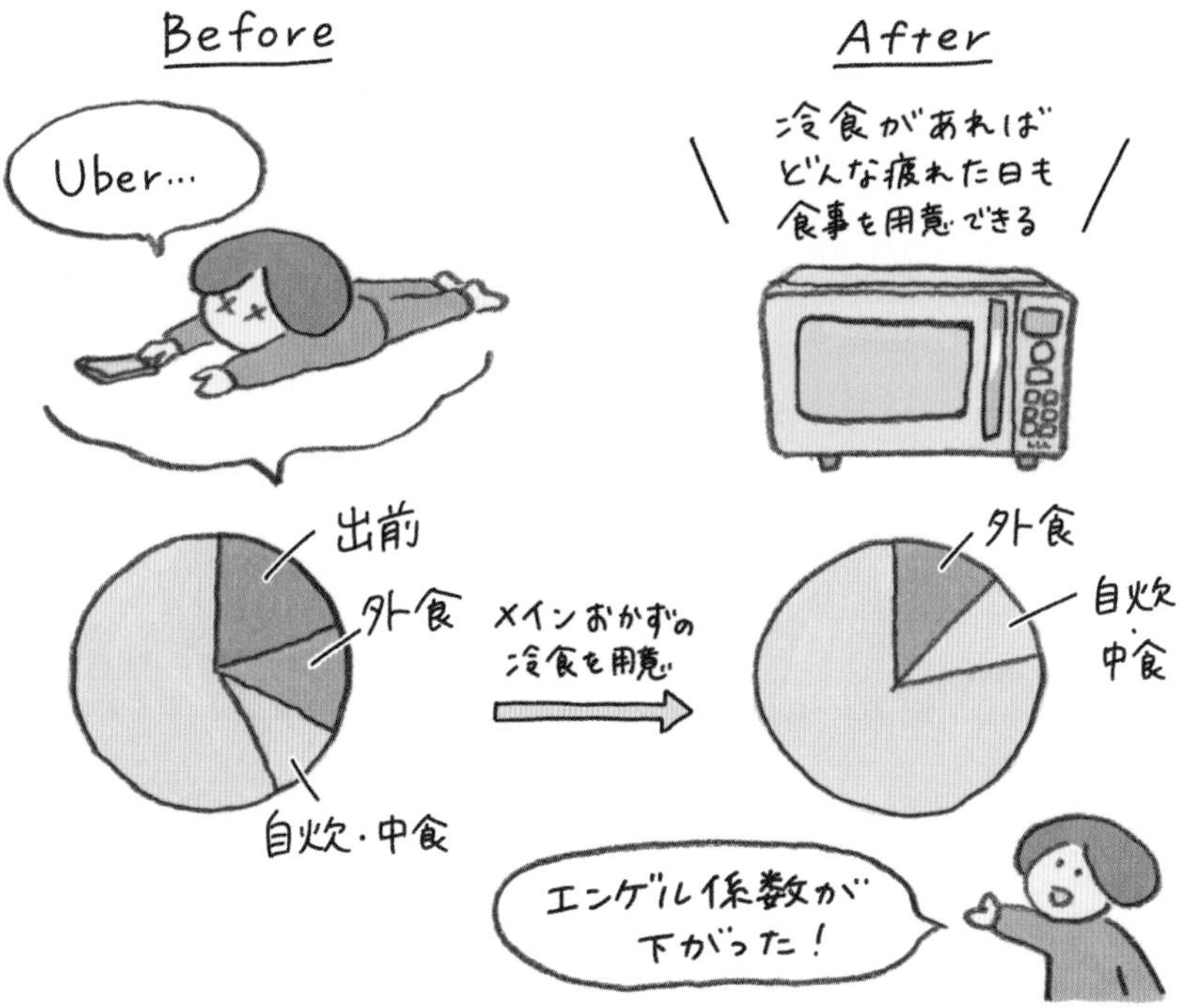
Before
Uber…
出前
外食
自炊・中食
メインおかずの
冷食を用意
After
冷食があれば
どんな疲れた日も
食事を用意できる
外食
自炊・中食
エンゲル係数が
下がった！

冷食をストックする

「なんとなく外食」が減った

平日、疲れ具合によっては生鮮食品を買ってあっても、料理が面倒でつい出前を頼んだり、近所に外食しに行ったりしがちでした。元々行きたかったお店で外食を楽しむのなら納得の出費なのですが、そうではない外食や出前は満足度が低かったため、自宅で食べると決めた日と外食する日はきっちり分けたいと考えるようになりました。

そこで、メインのおかずを「旬をすぐに」や「三ツ星ファーム」という冷食でストックするようになりました。このおかげで、どんな疲れ具合でも10分あれば支度できるようになりました。何十種類ものメニューがあって、飽きません。冷食のおかげでなんとなくの外食や出前が減り、エンゲル係数を下げることができました。

Amazon Prime
雑誌のサブスク
通販の送料無料目的で
ずっと加入していますが
バチェラーシリーズの配信も
楽しみに見ています！
毎シーズン
したいコーデを探して
私服の制服化しています

本当に全部使ってる？

サブスクの見直し

ミニマリストとサブスクは相性がいいと思っています。CDを手放してSpotifyへ、紙の雑誌から楽天マガジンへと、サブスク契約でたくさんの情報にアクセスできる環境と身軽さが両方手に入るので活用してきました。一時期はdアニメストア、舞台系配信サービス、ネットフリックス、ニコニコ動画など配信サービスへの加入が増えてきていました。しかし、可処分時間には限りがあります。「来月は使うかも」と思って継続したものの利用しないまま1ヶ月が過ぎるというサービスも多々ありました。再度見たくなれば再加入すれば良いのであって、今使っていないなら「一旦なしで暮らしてみよう」と思い、一気に解約してみました。月末はサブスク見直しデーにして

冬は特に
花だらけに!
全然
枯れない

います。もはやこれなしでは暮らせないというレベルで馴染んでいる、Amazonプライムと雑誌のサブスクは継続しました。Spotifyは無料だと使用感が不便だったので有料会員を復活させました。

　レンタルビデオを借りにいくような感覚で、見たい時だけ契約するスタイルに戻したことで、活用しなければという気負いもなくなり、心が軽くなりました。お花のサブスクも、次のスパンまでに枯れていないことが多く、花瓶が足りなくなっていたのと、自分の好きな色味の花を選びたいと思ったのとで、自分で花屋さんに行くスタイルに戻しました。時代に逆行するようですが、自分のペースで選んで買う方が合っているものもありました。

　いつのまにか増えているサブスク、クレジットカードの明細を確認するときに見直してみてもいいかもしれません。

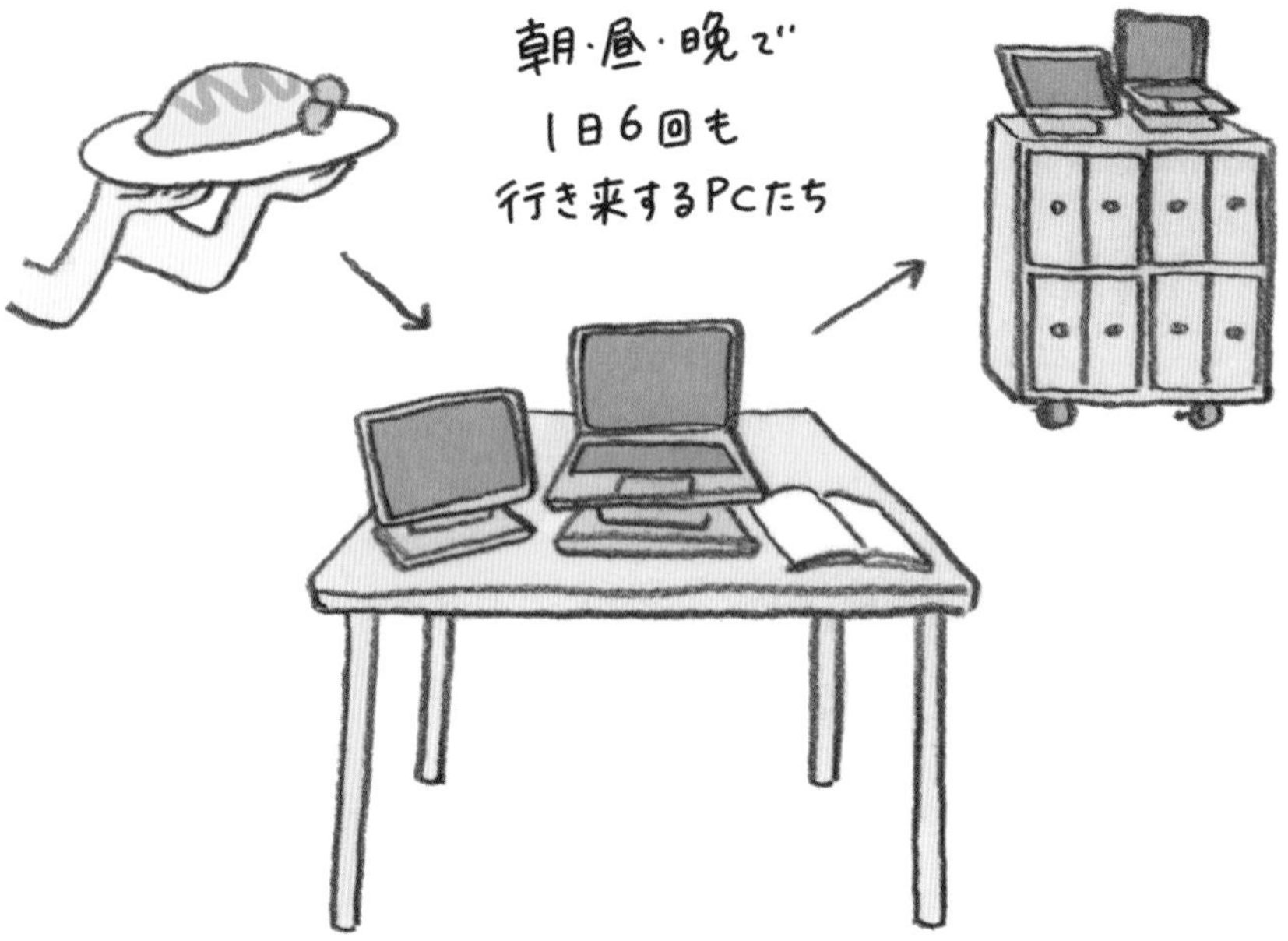
朝・昼・晩で
1日6回も
行き来するPCたち

ものは少ないほうがいいけれど

机と片づけの見直し

以前はとにかくものを少なく暮らしてみたくて、なんでも兼ねる方向で考えていました。ダイニングテーブルとデスクもその一つです。一つで兼用すればものの数は減りますが、「食事の場」と「仕事の場」が同じになるので朝昼晩と仕事道具を片づける必要があります。食事の前後なので1日6回も、片づけと再度準備を繰り返すことになるのです。また夕食後など、家族がくつろいでいるのにバタバタとものを出しはじめて横で作業を開始することになるので、くつろぎの時間を邪魔しているようで気後れしてしまう、という難点もありました。食事や料理といった「共有」の事柄と、仕事など「個人」の事柄は、場所を分けたほうがいいと気づかされました。

進行中のものを
そのまま
広げておける

机を2つにしてみて

自由時間が増えた!

そんな経緯があり、ダイニングテーブルとは別に仕事用のデスクを購入しました。デスクを追加したことで、常に仕事道具を出しておけるので、進行中の仕事をそのまま広げておけます。仕事専用のデスクを買って初めて、食事前後の片づけと再度仕事道具を持ち出して広げていた手間が思っていた以上にストレスだったことがわかりました。また、片づけの手間だけでなく、仕事の効率にもいい影響がありました。これまでは都度片づけていたことで「前回どこまでやったっけ?」とリセットされていたことがそのままずっと作業を再開でき、自由時間も増えました。「自由時間が増えるかどうか」を買い物の指針にするのもひとつのアイデアかもしれません。

SNSのタイムラインを更新する手を止められない…
中毒？

スマホ時間の見直し

2023年7月上旬、Twitter（現X）のAPI制限で、暇さえあればTwitterを見ていた私は大いに打撃を受けました。無料アカウントは1日600ツイートしか見られず、21時でリセットされるまでツイートが見られない状態になったのです。

当時、何年も熱心に追っていた好きなコンテンツが終わることがわかり私は落ち込んでいました。そのため、コンテンツの名前で常にTwitter検索していました。自分と同じように落ち込んでいる人のツイートを見ると、共感できて心が慰められる感覚があったのです。同時に見る度に落ち込んでいる自分もいて、それでも時間を見つけては検索してしまい、中毒状態だったとも思います。そんなときのAPI制限でした。

手元にスマホを
置かないのが
ポイント

制限により、強制的に検索する習慣を絶たれました。これが案外よかったなと今では思っています。というのも、それまでいくらでもスワイプし続けて新しい情報を貪欲に求め続けていましたが、制限を気にして恐る恐る検索するようになり、それが習慣として残りました。

　これをきっかけに、生まれた時間で気になっていたアニメを観たり、ポッドキャストを聴いたりと別のものに意識を向ける時間を増やしていけました。今も、少し時間ができたらファッション誌やインテリア誌など時間をかけてつくられた雑誌を読もうと思うようになっています。

　Twitterのない世界はつまらないですが、Twitterばかりする生活もそれはそれでつまらないもので、情報収集の時間とそれ以外の時間のバランスをとって確保できたらいいなと思います。

早く帰って
PCに打ち込みたい!

思考や見直しを文字にする

何か考えたいテーマがあるとき、文章にしないと考えごとができない性格です。例えば、人間関係でもやもやしていることがある状態で電車に乗り、そのことに思いをめぐらせて何か思いつきそうになった時は「早く帰ってＰＣに打ち込んで考えたい！」と思うのです。私の場合は、頭の中だけでは同じところを堂々巡りして思考が先に進まない上、悩みを実際よりも大げさなサイズで捉えてしまいがちなのです。文字に書き出すことで、悩みのサイズを理解し、解決法を探れるように思います。文章で考える人と、話しながら考えることができる人がいると聞きますが私は完全に前者。自分に合った方法で思考してみるとよいと思います。

自分に合うアウトプットは？

やり方は人それぞれ

私の場合は「書く」が一番いい方法、と書きましたが厳密にはPCのキーボードで文章を打ち込むスタイルです。フリック入力の速い人であればスマホでもいいかもしれませんし、ボイスメモで思考をアウトプットしながら文章を書く人もいるそうです。何よりも書くことのすごいところは、書き終えたらもう忘れてしまってもいいこと。後からその文言を見返せば確認できるので、安心して忘れられるのです。頭の中に置いているものを手放せるからこそ新しいものが入ってくる余白をつくれて、思考が深まっていくのかなと思います。1日10分でも自分に合った思考法で考えを整理する時間がとれると、心が落ち着くので大事な時間です。

手書きで思考を整理する

いつもデスクに置いて

10年ほど前からほぼ日手帳を使い始め、年によってノートを変えたりしながらも、何かしら毎日の記録を手で書くことは続けています。今年は無印良品の無地のノートを買って、デスクの脇に常に置くようにしました。1日の中のかなり長い時間、そのデスクに向かって仕事をしているので何か考えたいことが湧いてきたら10分でもそのノートを手に取って書きつけています。デジタルのメモ帳にも日々の日記を書いていますが、やはりテキストベースなので絵を描いてアイデア出ししたり悩みを図に描いたり、といった自由な形式で描画することはノートが適していると感じています。

視覚化することで思考が整理されるので、ノートは欠かせない存在です。

誌面掲載
イラストの
アイデア出しをしたり…
旅先に持っていく服を
気温と照らし合わせて
考えたり…

ノートで計画や夢を支える

相棒のような存在

私は何かの夢を持ったときにノートを活用することが多いです。夢を叶えるには継続が必要ですが、ノートは継続と相性が良いと感じているからです。

例えば2015年は汚部屋を脱出したいと考えてほぼ日手帳に毎日1つ手放したものを絵日記で描いていました。また、2016年以降は移住を目標にノートに考えをまとめたりしてきました。同じノートを繰り返し開くことで夢を何度も強く意識できて、目標を叶えるための行動を継続するモチベーションになってくれました。

今もノートには、これからの展望や私生活の夢、日々の仕事のアイデア出し、旅行や服の計画に、悩み事などを記入。ノートが私の毎日を支えてくれています。

Column 1

電車の移動時間が10分あれば

仕事で毎日文章を書いています。気分がのらないと書けないため、あれこれお膳立てしていて、あたたかいお茶を淹れてインストゥルメンタルの音楽を流して好きな作家さんのエッセイを１、２本読んで気分を盛り上げて……と結構手間をかけています。

そんな風に時間をかけても書けない日があるのに、不思議なもので電車に乗っている時間は文章を書くのがはかどるのです。座れた時限定ですが、次の乗り換えまで10分以上あればスマホでメモ帳を立ち上げます。時間制限が明確で強制的なところがいいのか、すぐさまやる気のスイッチが入ります。家にいる時と違って家事をしなきゃという雑念もなく、宅配が届く心配がないのも集中できる理由だと思います。このすき間時間を使って書き上げた原稿がいくつもあります。

他にはスマホのデータ整理をする時間にあてることもあります。果てしないと感じる作業なのですが、電車から降りるまでの限られた時間だけだと思うとさっと取り掛かれて集中できるのです。移動中のすきま時間活用、先延ばししたくなる作業があればおすすめです。

Part 2

自分らしくカスタマイズ

定番、基本、法則、
流行……。
なんとなくで
選んでいたものを
自分仕様にすれば
暮らしの快適度って、
まだまだ上がります。

「定番」は自分に合っている？

デニムで気づいた思い込み

この冬
何着ようかな
毎シーズン恒例のしたいコーデ探し。雑誌のサブスクでファッション誌を一気読み中。
淡色デニム×黒コーデがしたい！
ちょうどこの細身デニムでできるかも
ガサッ
これは…
ハッ
締め付けがきつい！
部屋着のリラックス感とのギャップが大きすぎる!!
ピチッ
ミチッ
しゃがんだ時のお腹の締めつけが特につらい！
前は「デニムなんて多少の我慢が必要」と疑いもせず穿いていたけど…
我慢が必要なものはもう着たくないかも

型にはめにいってる感じというか… 服に自分を合わせている感が強すぎる!

もっとこう… 服の方から自分の体に合わせにきてほしい
自然体で着られるものしか着たくないかも…

考えてみれば… 自分を服に合わせて我慢して着てるものって結構あるかも
我慢して着ているものたち…

タートルネックは肩がこるし…

重い靴を履くと歩くのに疲れるし…

汗かきだから冬に歩くと背中がビショビショになるのが不快…

ロングのウールコートはおしゃれだけど重くて肩がこるから冬は「早く帰りたい」しか考えられなくなる…

理想の着心地…

もっとトップスは軽くしたい
インナーは吸湿速乾がいいかも
アウターを軽いものにできたら冬も出かける気になるかも?

靴は軽いものにしたい!

スニーカーでも合うコーデを見つけられるといいな
とは言え、おしゃれじゃないと思うものは着たくないのでバランスだなあ…

皆が持ってる定番アイテムだからって自分に合うとは限らないし 自分に合わせてカスタマイズするのが大事かも!

と気づきアイテムを入れ替えてみたらぐっと暮らしやすくなりました

より自分に合う靴を求めて

足の3Dスキャンを体験

時間を見つけたら絶対やろうと思っていたことがあります。それは足の3Dスキャン。というのも、約2年前に買ったスニーカーのソールのクッション性が最近落ちてきたような気がしていて、長時間歩くと特に右のかかとが痛くなるなと感じていたのです。運動不足対策に朝散歩や可能なら軽いランニングもしたいなと思っていたのですが、今の靴だとちょっと痛くて続かなそうだと感じていました。インソールを変えてみて多少マシにはなったものの、やっぱり靴を購入したての時ほどのクッション性が感じられません。

なぜ右のかかとばかり痛くなるのか？　その謎を解明したく、足の左右差に興味が湧いてきました。調べていて、ニューバランスの店舗で足の3Dスキャンをしてくれることを知りました。しかも無料。これはやるしかない！というわけで3Dスキャンをしてもらえるニューバランスオフィシャルストアに行ってきました。店舗に行って計測器に足を置くと足を立体的に計測してくれます。自分自身の計測結果を見て気が付いたのは左右のサイズの違い。左足は23cmあるのに、右足は22・7cmでした。左右で3mmも差があったとは驚きでした。思えば試着しても右足だけかかとが浮いてカパカパしやすかったので納得。その通り右足が小さかったんですね。店員さんからは左右差に関しては靴紐の結び方でその違和感をサポートできるというアドバイスをいただきました。足首寄りの穴を使って結ぶとよいそう。そして足の長さだけでなく、違いは土踏まずにもありました。

ニューバランスの店舗で足の3Dスキャンをしてもらいました
右足が左に比べて3ミリ小さいですね
思えば右の踵が浮きやすいんですよね
3mmも差がある
アーチ低い
アーチしっかり
右はかかとも小さい
納得!
足の特徴をまとめフィットしやすい品番を書き出しました
ありがとうございます
この紙がお守りのような存在に
たくさんの靴の中でも合う靴が見つけられて心強かったです

右はアーチがしっかりあるものの、左はアーチ低め、つまり左は扁平足気味だったのですが、こちらもインソールでカバーできるというお話でした。

計測結果からタウンユース、ランニングシューズそれぞれのおすすめを教えてもらえました。売り場で試着などもさせてもらい、元々履いていた「ＭＬ７２５」の履き心地が好きだということもお伝えすると、「２００２Ｒ」は「ＭＬ７２５」の履き心地と比較的近いとのこと。クッション性も高く、ランニングシューズとして使用してもＯＫとのことで私が求めているものが全て詰まっている！と確信し、購入。

その時期は乗り換えで結構な距離を歩く日々だったのですが、クッション性の高いこのスニーカーのおかげで足が劇的に楽になりました。さらに紐の結び方を変えたのもあって、かかとの痛みから解放されたのが何より嬉しいです。本当に良い買い物ができました。おすすめです。

定期的に服を手放す

タイムリミットを設定する

「いつか着るかも」と思って手放せなくなりがちな服。相当数の処分をしてきた私も未だにそうで、そんなときはすっきりしたクローゼットの写真をＳＮＳで探します。このとき、自分と同じくらいの容量のクローゼットだとよりやる気が出ます。それを理想として、「この人のクローゼットには何があって、何がない？」というふうに比較します。そして「いつか着るかも」の「いつか」を今週〜直近の1ヶ月くらいまでに絞ってみます。それで着る予定がないなら手放す候補。冠婚葬祭用など、確実に未来で役立ちそうであれば残すようにしています。それ以外での基準としては襟が伸びている、色が退色しているなど物理的に傷んでいる服は手放します。難しいのは傷んでいないもの。こういうものは心の声を聴いてみます。「自分の中での旬は過ぎたな」という場合は、過去に楽しめたことで役割を果たしたと考えて手放します。また、現在の自分の体形に合っているかも大切です。例えばノースリーブが好きだけれど、二の腕の太さが目立つデザインで使用頻度が下がっていたり満足度が下がっていたりするなら気に入っていても手放します。また、「いただきものだから」「思い出があるから」というのも処分を躊躇させる要因です。思い出の品として思い出ボックスに保管するか、そのスペースがない場合は撮影して写真に思い出を残す形でもいいかもしれません。思い入れが強い服ほど、手放したときに達成感があります。

手放す服の選定ポイント

自分のウィークポイントに向き合う
アイテムとしては気に入ってるけど…
二の腕が気になる…
傷みのチェックポイント
エリがヨレていないか
色褪せていないか
毛玉ができていないか
ゴムが伸びていないか
心の声に耳を傾ける
似ている2着を比べて…
形やサイズ今はこっちがしっくりくる
ふむふむ
もらったからな〜
手放せない理由にしがらみが含まれていないか？
思い出BOXにしまう？
写真で残す？

レンタルサービスにも相性がある
提案型
自分で選ぶ型
私の場合は
こんな感想を
抱いた！
これは
どうですか？
色
形
思い描いて
いるものと
ちょっと違う…
これが
着たい！
提案してくれるタイプのサービスだと
「もっとこういう服がいい」
となり、合わなかった。
通販するように
自分で選べるタイプ
合っていた。
服を選んでほしい
人にオススメ
着たい服が
決まっている人にオススメ

服のレンタルしています

2022年から利用し始めて「これだ」と思ったのが、服のレンタルサービス。まず最初はスタイリストがアイテムを提案してくれるタイプのサービスを利用したのですが、私にはあまり合っていませんでした。毎シーズン、雑誌のサブスクで8誌くらいに目を通して、したいコーデをクリップしており、着たい服が決まっているので提案型はしっくりきませんでした。次に自分でアイテムを選べるタイプの「メチャカリ」を利用してみたところ、こちらが私にフィットしました。通販で服を選ぶ感覚でアイテム・サイズ・色を選んでレンタルでき、季節が過ぎたら返却すればクローゼットの場所も取りません。あまり不用意にものを増やしたくない私にぴったりでした。

新しい自分に会うひとつの方法

冒険枠はレンタルで

私は1シーズン10着前後の服を用意していますが、そのうち約半分は「定番アイテム」で、黒のワイドパンツやシンプルなワンピースなど数年着る想定で買ったものです。残り半分は「今シーズンだけ着られたらいいかな」という流行アイテム。この後者をレンタルし、前者はこれまで通り購入するというのが自分の買い物スタイルにぴったりフィットしていると感じました。

たとえばすべて購入だと失敗を恐れて黒や紺の無難なものばかり選んでいましたが、レンタルだと思うと色や柄も冒険できますし、中にはそのまま買い取ったものもあります。借りてみたら「意外と合うな」と気づけたり、ものを無駄にせずおしゃれを新鮮に楽しめるよい方法だと感じています。

飽きない少数精鋭コーデ

以前は服は多ければ多いほど選択肢が増えて豊かだと思っていて、100着以上の服を持っていましたが、予算の限度もあるのでどこか妥協しているところがありました。また、数が多すぎて服を探すのもストレスでした。そういったことから、少数精鋭のコーディネートにしようと考え、今では1シーズン10着前後あればほどよいことに気づきました。冬はアウターが増えるので12着ほど、夏はアウター不要のため8着ほどで、だいたい10着前後を指標にしています。

10着の内訳は、大まかにトップス3、ボトムス3、ショートのアウター1、ロングのアウター1、ワンピース1、2着という感じです。洗濯も我が家の場合は週2回洗濯で、洗濯までの期間に2~3日出かけるペースなので3コーデあれば次の洗濯に間に合います。必要なコーディネートの数は洗濯の頻度や生活スタイルによっても変わってくると思います。コーディネートは基本コーデを3つ考えます。3つだけだと飽きてくるので、仮にブルーのトップスと黒のワイドパンツが基本コーデなら、ボトムス違いも準備するなどで、3つそれぞれにサブコーデも用意します。色はどの組み合わせにしても合うように選んでいるので、結果的に9パターンのコーデができ、飽きずに楽しめています。

少ない服でも
自分を飽きさせないために

1シーズンに
基本になる
3つのコーデを
用意しています

3パターンだけど実際は…

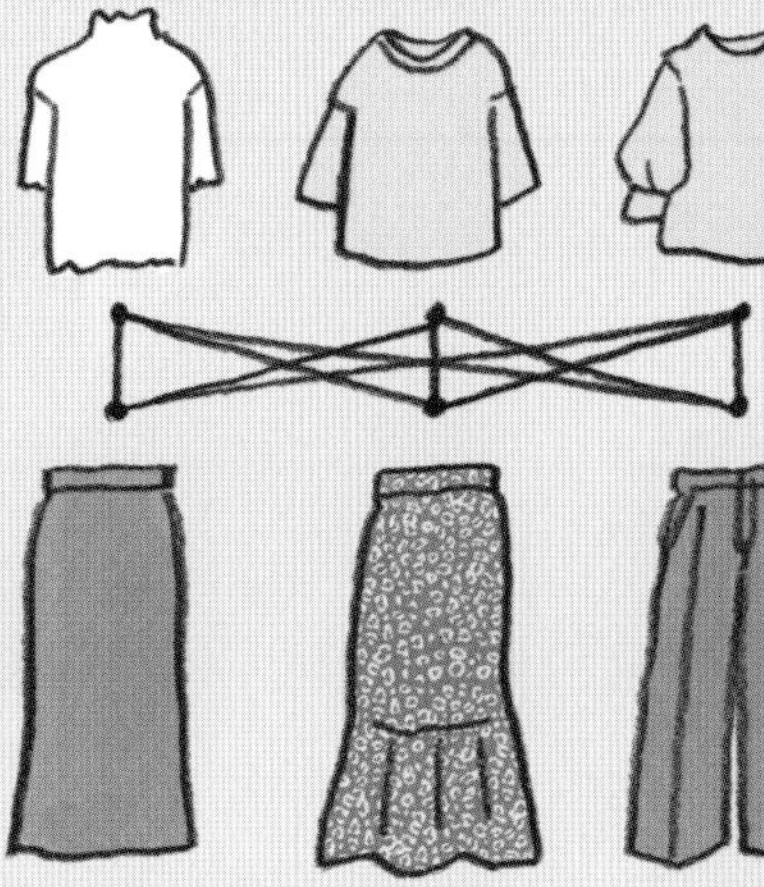

上下どれでも
合わせられるから
3×3＝9パターン
用意できる

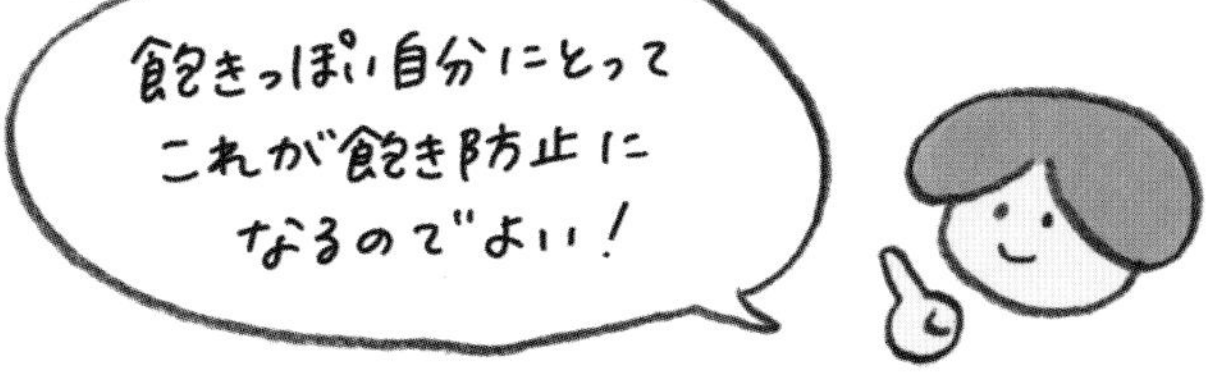
飽きっぽい自分にとって
これが飽き防止に
なるのでよい！

明かりで気分を切り替える

間接照明を取り入れる

夏に引越しをしましたが、部屋づくりをする上で重視したのが、くつろぎ感の創出でした。夫婦共に在宅ワークなので、家は仕事場でありくつろぎの空間。違う目的に切り替えるために照明が大いに役立ちます。日中は昼光色のシーリングライトで仕事モードに。夕食以降は電球色の柔らかい光を組み合わせてくつろぎモードに。ダイニングにはｆｌａｍｅのペンダントライトを。光がシェード内に回ってぼわっと光り柔らかく食卓を照らします。リビングにはイサム・ノグチのＡＫＡＲＩ。畳ベッドの上にはＩＫＥＡ×マリメッコのフロアライト。寝室には読書灯を。オレンジの光が各所にある状態がくつろぎ感を演出し、心も体も徐々に眠る準備に入らせてくれます。

リビングは和モダンな雰囲気にしたかったので、畳ベッドに合わせてIsamu NoguchiのAkariを。そこにIKEA×Marimekkoのランタンを合わせました。

読書灯としてIKEAのテーブルランプをコンポニビリの上に置いています。ぼんやりしたオレンジの灯りが入眠ムードに誘ってくれます。

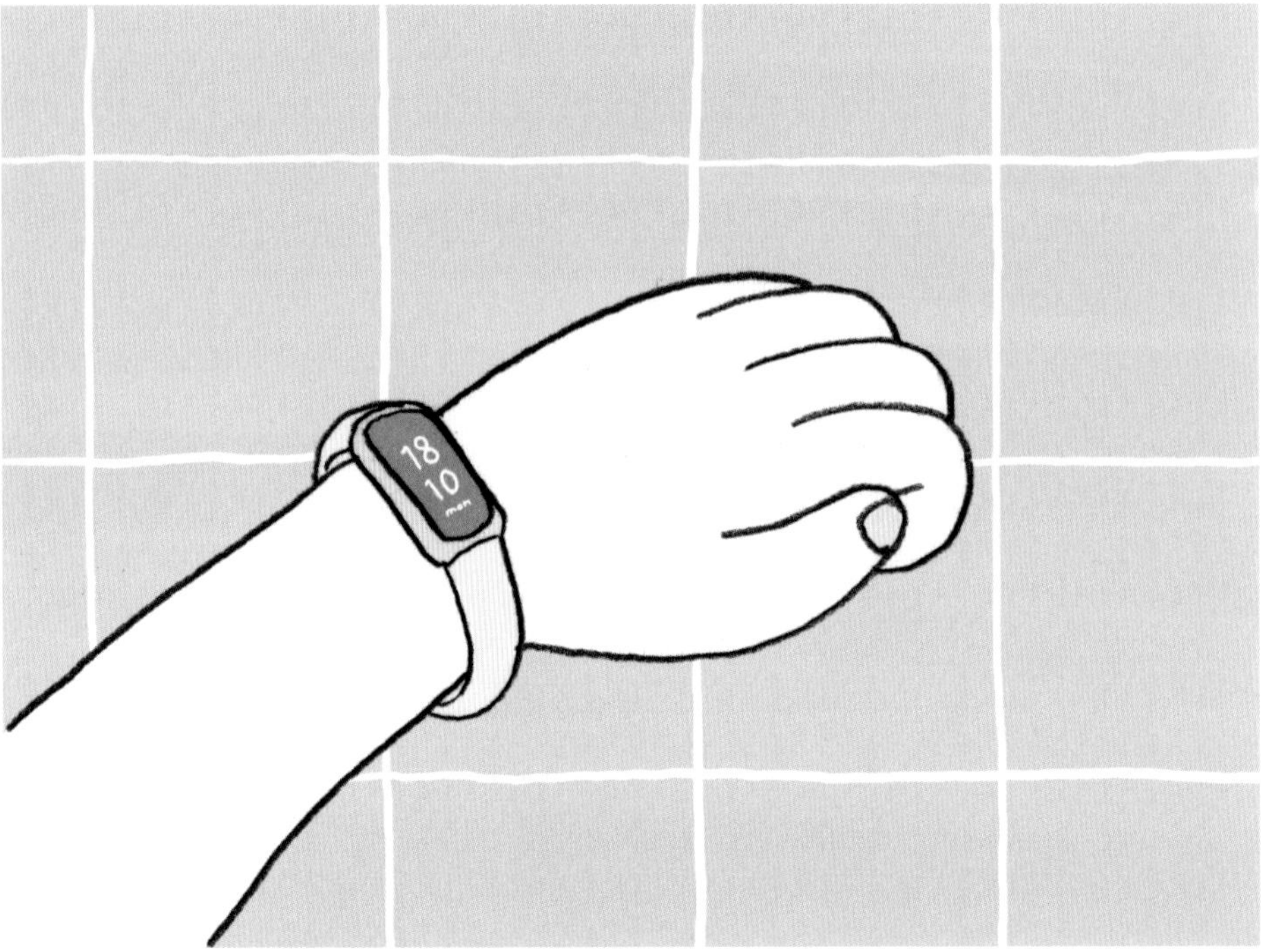

運動習慣をつくってみる

強制的に動くように

思い返せば２０２０年が最も歩数が少ない1年でした。コロナ禍により外出が減り、そのまま歩数も減ってしまった形でした。その上、仕事に熱中すると机にかじりついてしまうため、歩く習慣を身につけなければと感じていました。それに一役買ってくれたのが２０２２年から導入したスマートウォッチ。比較的コンパクトなFitbitのluxeというものを就寝時も含めて一日中着けています。何が良いかというと、バイブレーションで運動不足を知らせてくれるところ。1時間ごとの目標である２５０歩を達成していないと通知が来るので、デスク横で足踏みして歩数を稼ぐようにしています。自分の意識だけでは変えられない習慣は、外部装置に頼るのが一番です。

1日5時間×5日間
腕を振る日々を過ごしたら…
肩が痛くないぞ…?!

意外な肩こり解消法

長年の悩みが消えた!

長年苦しめられてきた肩こり。定期的に接骨院通い、鍼、ハイボルトの施術などを受けていましたが、数日経つとまた痛みに襲われる、の繰り返しでした。

しかし、この悩みに一筋の光が差しました。先日、ライブ型舞台の卒業公演に全公演参加したとき、両腕を挙げて思い切り頭の上で振るという動作を1日2時間半×2セット、9公演分続けたところ、肩こりが綺麗さっぱり消えていたのです…! 腕を振ると肩こりが治るとは考えてもみませんでしたが、それ以降も隙間時間を見つけては腕を振っています。おすすめなのはノれる系統の大好きな音楽をかけて腕を振ること。仕事の合間や、お風呂でなど、ぜひ試してみてください。

もう二度使うことがなくても
ずっと持っていたい、
と思った。

思い出のものは「飾る」「使う」

しまい込まずに一等席に

　数年来推していた舞台が終わりを迎え、推し活を卒業しました。千秋楽に着ていった服も、リングライトも、もう二度と使うことがなくてもずっと持っていたいと思いました。写真ではなく物理でリングライトに指を通しながら涙を流し、推した日々を思い出したいと思ったのです。使わないものだけど、これだけは思い出ボックスに入れて、あるいは部屋に飾ってでも、観賞用として残したいと思いました。過去のことにするには何年何十年とかかり、下手すると一生整理がつかない思い出の品もあるのだと思いました。

　千秋楽で着たライブTシャツは、クローゼットの一番手前、最も目につく場所に吊るしておくことにしました。着替えのたび

千秋楽で着たTシャツ、
恐らくもう
着ることは
ないけれど…
一番手前に
吊るして
飾ることに
（観賞用）

に視界に入ります。ものとしてはもう着ない、本来なら不要なものです。でも棺桶に入れてほしいくらい大事に思うものだから、手放そうと思う日が来るまでは観賞用として残すことにしました。

　みなさんにとって残したい思い出の品はありますか？　思い出の品のさりげない飾り方を考えてみたいと思います。器ならもの入れとして使ってもいいですし、ポスターやブロマイドならクローゼットの扉の内側に貼って、扉を開けるたびに鑑賞してもいいかもしれません。ある程度収納スペースをちゃんととることも大切。家全体で収納バランスがとれればそれでいいと思います。奥にしまい込まずに飾ったり使ったりできると理想的です。

　たまには後ろを振り向きながら元気に生きていきたいですね。

ジェルネイルは
いろんなデザインに
してもらえてキレイだけど…
ペンを持つ時
爪が当たって
痛い…
キーボードを打つ時に
爪が痛い

最適解だったネイルチップ

特別おしゃれしたい日のネイルってどうしていますか？ ライブや舞台の度に推しチームのカラーでマニキュアを塗っていました。しかし、技術力が高くないため毎回ワンカラーのネイルでマンネリしていました。かといってネイルサロンでジェルネイルをしてもらうにもお金がかかるし、絵が描きにくい――。そんなことからネイルチップに目が向きました。Instagramで写真を集めてネイリストさんに相談し、制作してもらいました。出来上がったものを見て感激、満足度１００％でした。ライブの日だけつけられて、シールでの貼り付けなので着脱も簡単。今後のライブでずっと使えますし、仕事中は自爪で快適。推しのネイルチップ、おすすめです！

マニキュアの
セルフネイルだと
技術的に
単色カラーのみに
なりがち…
そこで…
グレー×シルバーで
つくってください！
ネイルサロンで
推しチームのイメージに
合わせたネイルチップを
つくってもらいました！
リングライトと
ネイルの
カラーが
合う!!
今後のイベントで
繰り返し使えるから
イベント前準備で迷わない！

張地の色がバラバラ
木部の色がバラバラ
色が多いとゴチャゴチャして見える…

家具の色を絞る

色を絞ると心が落ち着く

汚部屋時代、ものが多い上に色数も多く、部屋がいっそう散らかって見えました。ソファもテーブルも本棚も色の嵐でまったく調和していませんでした。ものを減らしても色の調和の悪さは依然、気になります。家具の木部の色を統一し、張地の色も1色に絞ってみたところ、物量は同じでもずっとすっきり見えることに気づきました。視界が整理されると空間が広く感じられるのですね。今では床や壁といったベースカラーは白系、家具の木部といったメインカラーはナチュラル、アクセントカラーである家具の張地などは時計と色を合わせてブルーグレーで統一しています。最初は布地の色味を統一するのもいいかもしれません。

これはこれで
いいんだろうけど…
我が家に
飾るには
派手だなぁ…
白チューリップを
束で生けるのが好き
グリーン・白系
ユーカリやオリーブ、
トルコキキョウなど
グリーン系
ドウダンツツジを
見かけたら買う
花の色を
好きなテイストに
統一したら、
よりこの家が
好きになった。

花の色を絞る

自分好みの色合いに

インテリアに加えて部屋に飾る花の色も絞ってみました。お店が選んだ花が送られてくるサブスク利用時はショッキングピンクなどあまり好みでない色の花が頻繁に届くことが次第にストレスに。派手な色にもその色にしかない魅力がありますが、我が家にあってほしい色ではなかったのです。そこで自分で選ぶスタイルに変え、白、黄緑、淡いカラーと色を絞りました。視界が好ましい色で統一され、見る度に嬉しくなります。心なしか仕事の効率も上がっている気が。同様にしっちゃかめっちゃかだったタオルの色も統一したところ、視界がすっきりして部屋が広くなったとすら感じました。色を揃えることは、見せる収納をした際に特に力を発揮しますね。

自分に合った掃除のしかた

ロボット掃除機と私の相性

　これまではハンディクリーナーで掃除機かけをしていましたが、ダニ・ホコリアレルギー持ちなので特に長時間過ごす寝室・リビング周りは清潔に保ちたいと思い、転居を機にロボット掃除機を導入しました。

　ベッド以外の場所も全自動で掃除してもらえたら便利だと思ったのですが、なかなかどうして稼働させるのが面倒だと気づきました。事前にロボット掃除機の行く道を整備しないといけないのです。床にあるものは極力浮かせておかないと侵入できない箇所ができてしまいます。ダイニングチェアをテーブルに引っ掛けて宙に浮かせる、ゴミ箱やハンガーラックを畳ベッドの上に置いて退避させる…といった具合に、起動の前にやることが結構あって面倒なのです。椅子に座っている時に掃除機が近づいてきたら足を浮かせて筋トレ状態になったりして作業に差し障りがあり、仕事部屋は掃除しないように設定することに。それなら自分で家具類を避けながらハンディクリーナーで掃除した方が楽だな…と思い、結局ほぼ旧来の方法で掃除しています。ただロボット掃除機はベッド下の掃除には適していて、自分の手では届かない場所を掃除してきてもらう使い魔みたいな感じで、手足の延長として重宝しています。家事は自動化すればするほど楽なものかと思っていましたが、案外そうではないようで。面倒臭がりにとって何が便利かは使ってみないとわからないものだなと思いました。

ものを退避させる時間が
あればその間に
掃除機がけが
終わるな～と思うと
ついハンディクリーナーに
手が伸びてしまう…

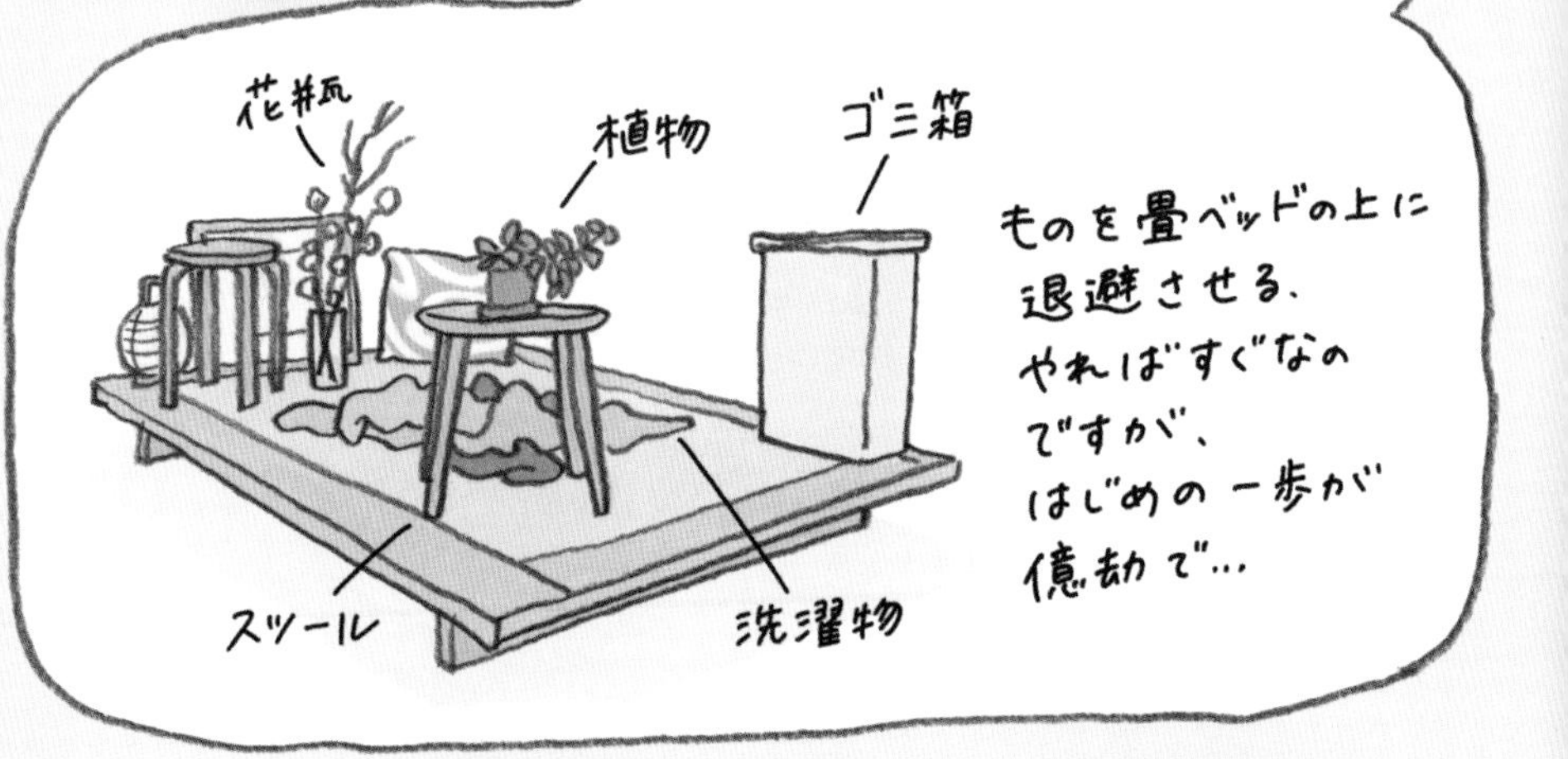
花瓶
植物
ゴミ箱
スツール
洗濯物
ものを畳ベッドの上に
退避させる。
やればすぐなの
ですが、
はじめの一歩が
億劫で…

絵、描けぬ…
プルプル
筋トレ状態…

ロボット掃除機
こんな人におすすめ

外出の機会が
多い人は外出中に
掃除機かけを
終わらせられて
便利だと思います！

Column 2

バッグの中身、現在形

６年程前に都内に引越したのを機に徒歩・電車移動になり、バッグの中身を真剣に見直しました。肩こり腰痛持ちなのでバッグが重いと体調に直撃します。その後も見直しを重ねた現在のマストアイテムを紹介します。

財布はGLENROYALのマネークリップ、カード類も小銭も入りコンパクト。オーロラ株式会社の晴雨兼用傘は遮光率99％。以前は雨傘を日傘がわりにしていましたがその差は歴然、とても涼しいです。100均で買ったマイボトルは120㎖、服のポケットに収まるくらいコンパクト。また夏はひんやりする汗拭きシートが欠かせません。また、日焼け対策として売られているアームカバーを冷房対策として常備。カーディガンなどはシワになり場所をとりますが、アームカバーはシワにならずコンパクトでバッグが極小の時に特に重宝します。夏場に長時間屋外にいる場面ではミストタイプの日焼け止めを持参します。また冬はコンパクトなレッグウォーマーと貼るカイロを持ち歩いて、冷えを感じたら温度調節しています。

温度調節をミスするとすぐに風邪をひくので、健康に直結しています。いかにコンパクトなもので温度調節できるかを考えてアイテムを選んでいます。

Part 3

暮らしの片づけ10分間

片づけは
永遠に終わらない家事。
でも、だからこそ
小さなことを気軽に。
「片づいた状態」を
キープできる
コツがあります。

毎日の片づけは「待ち時間」に

まとまった時間は来ない

突然ですが
みなさん
片づけって
いつやってますか？
ゴチャ…
片づけに限らず
家事って
果てしない
ですよね
昨日やったのに
もう溜まってる…
畳ベッドが
洗濯物
置き場に…
終わりが
ないから
やる気が
減退しがち
「家事の時間」をとろうとしても
期限のないものは後回しで
放置しがち
入浴
睡眠
朝食
仕事
昼食
仕事
夕食
仕事
家事
ゴミ捨ては曜日が
決まってるから出すけど…
そこで今は
「ちょっとした
待ち時間」
に片づけをして
部屋をリセット
しています

例えば食事準備の
レンジでチンする
待ち時間
ピッ
我が家は
冷凍に
頼って
いるので
解凍だけで
10分以上の
隙間時間が
生まれます
5分
3分半
3分半
おかず
ごはん
ごはん
ゴォ〜
うおおおお
やるぞ〜っ
制限時間があると思うと
タイムアタック感覚で
家事に取りかかれます
洗濯物を畳んだり
掃除機かけや
段ボール整理など
結構
いろんなことを
こなせます
レンチン以外にも
お風呂を沸かしたり
ケトルのお湯が
沸くのを待ったり…
いろんな待ち時間を
活用できます
毎日必ず生まれる
待ち時間を
活用できるし
ゲーム感覚で
楽しめるので
おすすめです

1日1捨から

手放すまでの3段階

ものを実際に家から出すまでには何段階かあります。まず1段階目、「これは手放すと決める」こと。壊れている、もう使わないと明確にわかるものならいざしらず、「これがなくてもいけるかも」と思っても、本当にいける？　後悔しない？と少なからず悩む場合が多いのでは。そして、手放し方を決めるのが第2段階目。燃えるゴミとしてすぐに出せるものならそのままゴミ箱へ入れればよいのですが、例えば服ならフリマアプリに出品する？　古着屋さんで買取？　それともウエスにして掃除に使う？　など選択肢がいくつも浮かんできます。これをその場で判断していこうとすると意思決定コストが大きすぎて片づけのハードルが上がってしまいます。

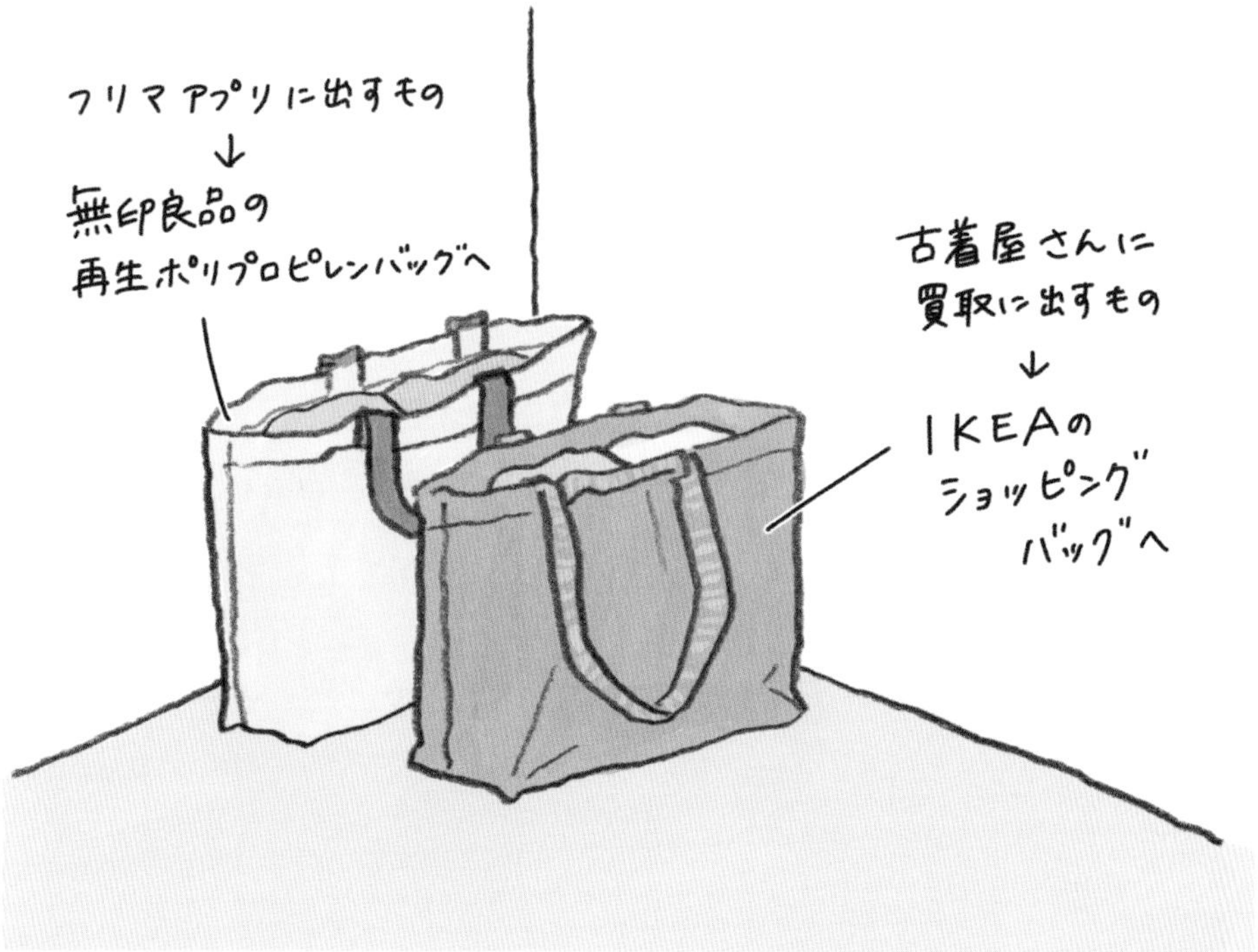
フリマアプリに出すもの
↓
無印良品の
再生ポリプロピレンバッグへ
古着屋さんに
買取に出すもの
↓
IKEAの
ショッピング
バッグへ

思い立ったその日に処分する、というところまでいくのはなかなか難しい面もあります。私は、まずは不要なものを選別して選り分けておけばＯＫとしています。そのときに便利なのが、ＩＫＥＡのショッピングバッグなどの丈夫な大袋。部屋の片隅に置いておいて、手放すものをどんどんそこに入れていきます。入れるだけなら日々の生活で空いた1分でも取り組めます。私は朝起きてお湯を沸かす待ち時間やお風呂を温める待ち時間などを使っています。

後日時間が取れたら、その袋の中身を見直し、手放し方を決めて、フリマアプリに出品するなど、手放すための行動を起こすようにしています。手放し終えたら袋は畳んで、コンパクトにリビングに収納しておけるのもフレキシブルで便利です。まずは片づけたいエリアの目についたものから始めるのがおすすめです。

3:30
3分30秒×2+α
この時間を使って
家事を片づける

お昼ご飯を温める3分間に

家事時間を設定しなくても

人が活動するとものと共に動くので、生きることは散らかることだなあと日々感じています。

洗濯物を取り込んでベッドに置いたら、いずれ畳んでしまって何もない状態に戻す必要があります。みなさんは、散らかったものをリセットする時間をいつ設けていますか？　我が家の場合は、ご飯をレンジで温める時間を使っています。白ご飯を一度に炊いて冷凍しているのですが、解凍するのにひとつ3分30秒、2人分なら7分間かかります。他にもお昼を食べるときは、おかずなども温めるので合計15分くらい、レンジの待ち時間があるのです。15分って、結構な時間ですよね。

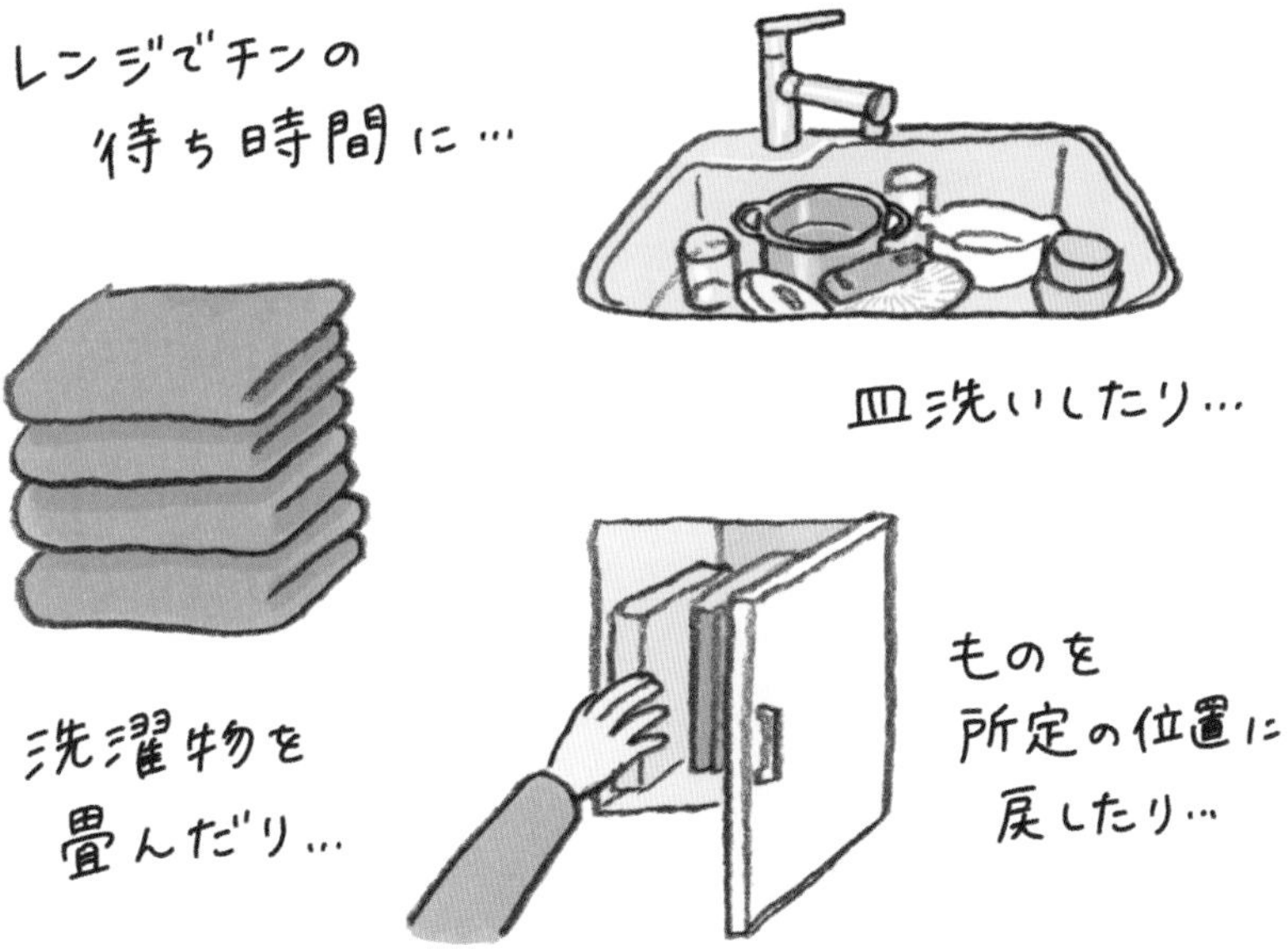
レンジでチンの
待ち時間に…
皿洗いしたり…
洗濯物を
畳んだり…
ものを
所定の位置に
戻したり…

15分間集中すれば、結構な量の作業ができます。洗濯物を畳んだり、洗い物を戻したり、散らかったものを所定の位置に戻したり、掃除機をかけたり……。また、届きっぱなしになっていた商品の開封をして、段ボールを整理することだってできます。この温めの時間は毎日必ず生まれる待ち時間なので、ここを利用しない手はないなと考えています。

リセットタイムは夜や朝など一日の終わりか始まりにもってくるものだとなぜか思い込んでいましたが、日常の中で待ち時間が生まれるならどんなタイミングでも良いのだと気づきました。

お風呂にお湯が溜まるまでの時間や、ケトルのお湯が沸くまでなど、いろんな待ち時間があるので、それぞれに合った作業を設定するのはおすすめです。

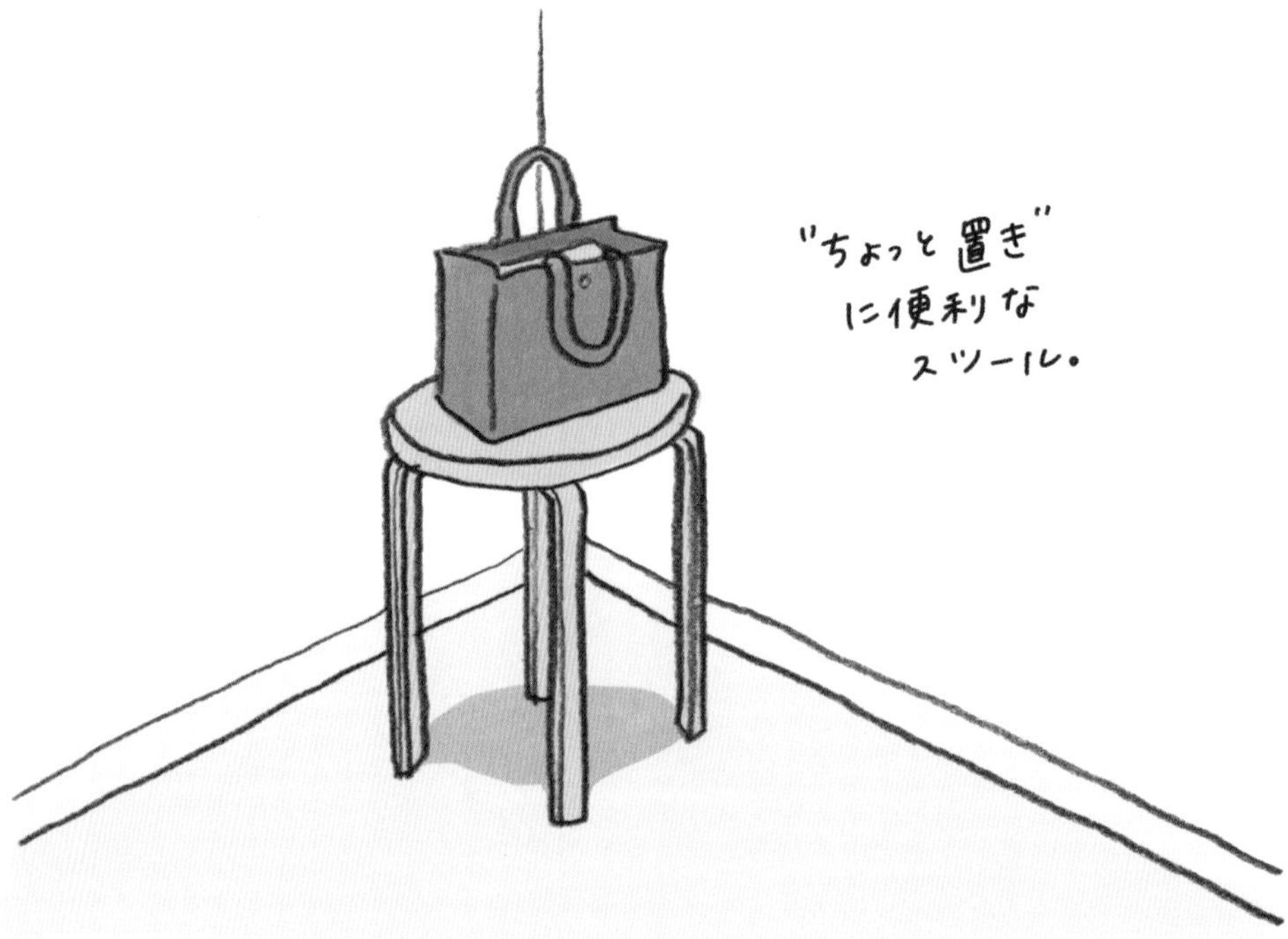
“ちょっと置き”
に便利な
スツール。

仮置き場にスツールを使う

状況に合わせて自由自在

　家に帰ってきてバッグを一時置きする、買ったものを開封するまで一時置きする、花をもらったからどこかに花瓶を飾りたい。そういう一時的な仮置き場って悩みませんか？　ものの定位置は場所を決めてあるけれど、イレギュラーなものは一体どこに置けばいい？　床だと掃除の時に邪魔だし埃も気になる…。そんな時に便利なのがスツールです。私はＩＫＥＡのＦＲＯＳＴＡというスタッキングスツールを愛用しています。使わないときは重ねて部屋の隅に置いておき、バッグや買ったものの一時置きなら重ねた一番上の座面にぽんと載せ、花が増えたら下のスツールを取り出して花瓶を飾ります。このようにものの増減に合わせてフレキシブルに天板の面積を増やせるの

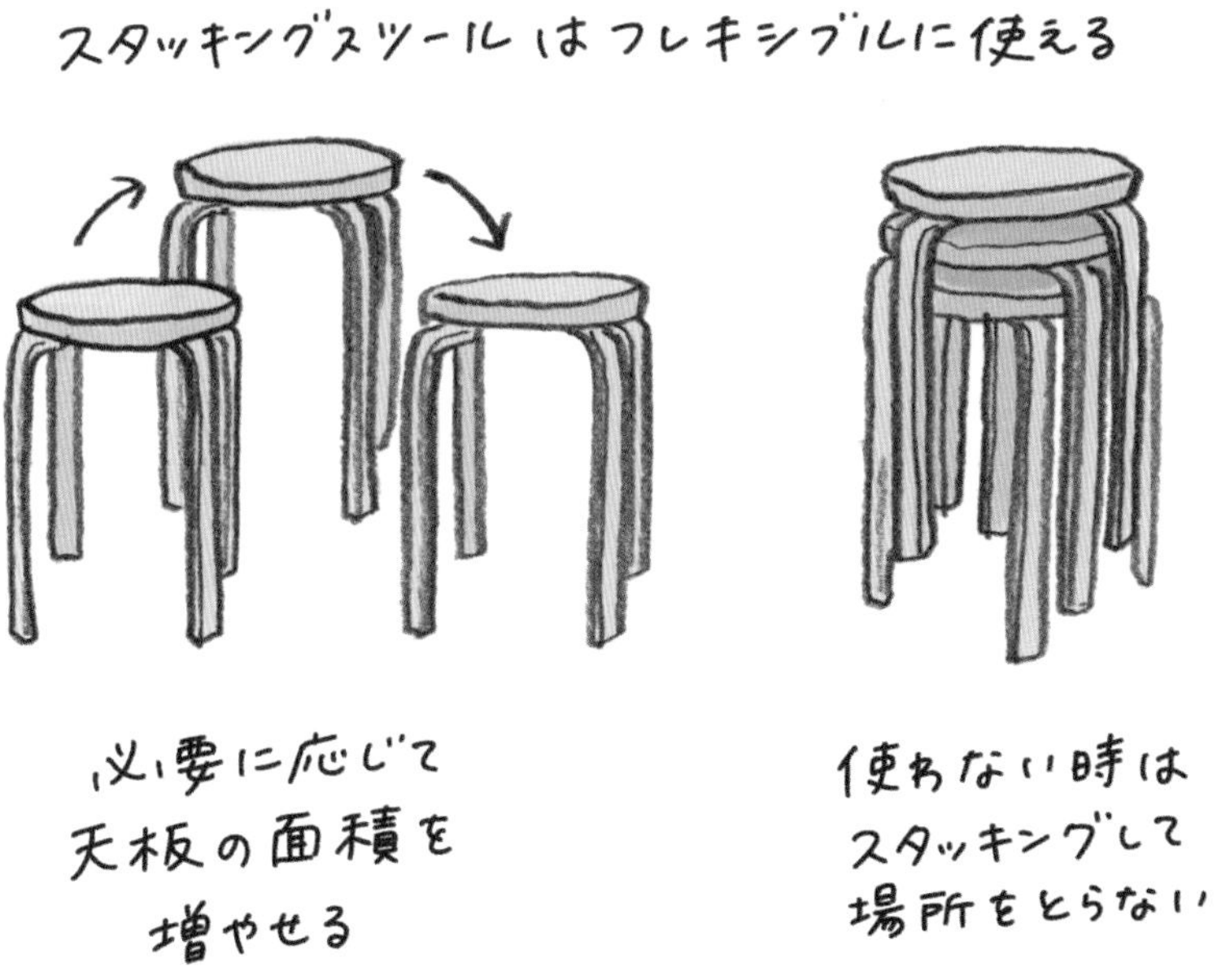
スタッキングスツールはフレキシブルに使える
必要に応じて
天板の面積を
増やせる
使わない時は
スタッキングして
場所をとらない

が本当に便利なのです。

そしてスツールに載せると何でも不思議とすっきりして見えませんか？　床に置くと異物として「片づけなければ」と思い、その存在が気になりますが、スツールに置いてあると部屋に馴染むので違和感がなくなるのだと思います。だからと言って何日も放置しては本末転倒ですが、とはいえ、なんでも今すぐ対応できるとは限らないですよね。家族が寝てから、次の休日に、など取り掛かれるタイミングが少し先でも、仮置きしている姿が散らかって見えないのは心をラクにしてくれます。いざ時間ができたら、どこにしまうかを考えていきます。

ちなみにスツールでなくともカゴなどでもＯＫ。「仮置き場」というスペースをほんの少しでも用意しておくと、いろんな場面で対応できるのでおすすめです。

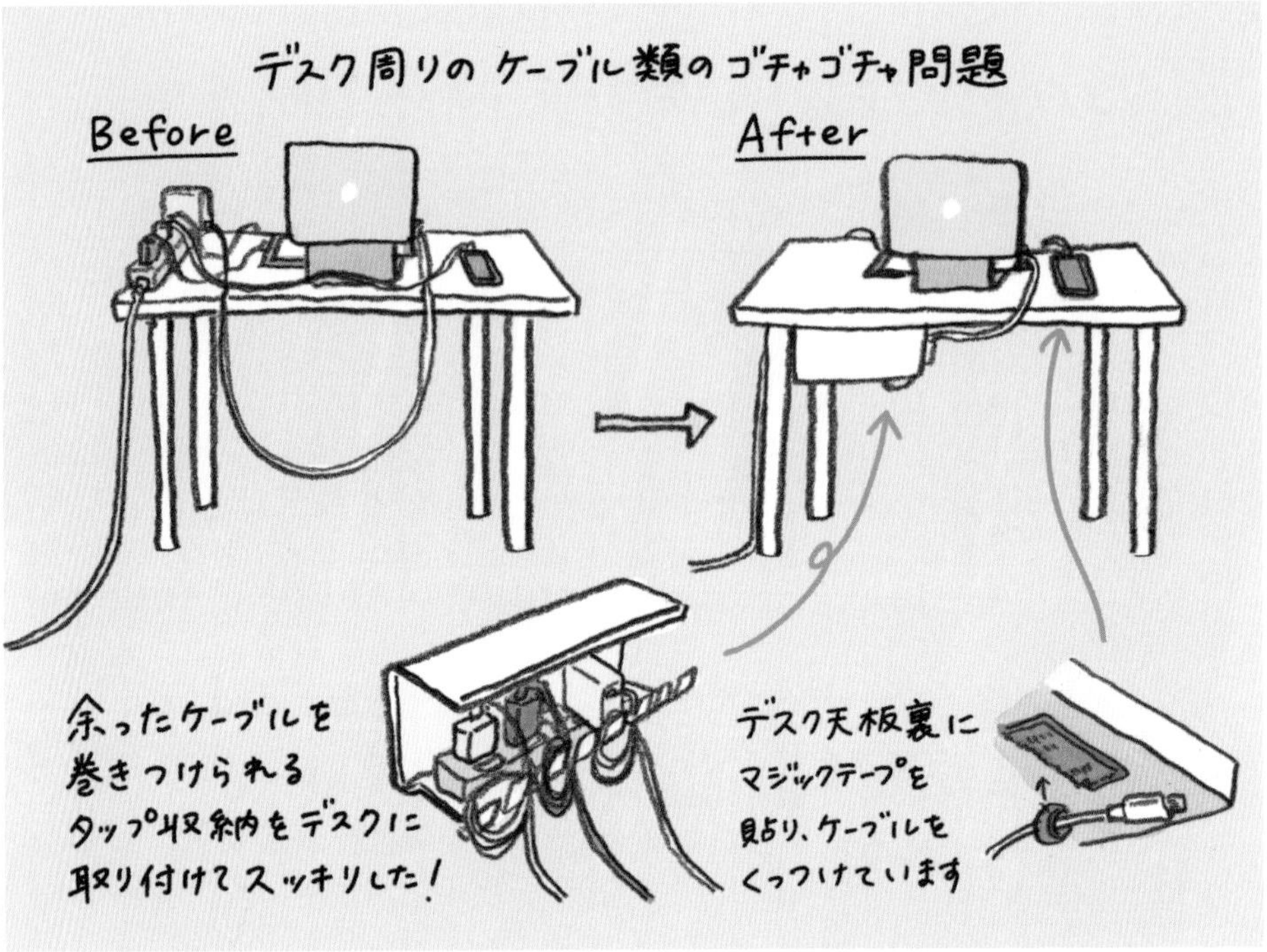
デスク周りのケーブル類のゴチャゴチャ問題
Before
After
余ったケーブルを
巻きつけられる
タップ収納をデスクに
取り付けてスッキリした！
デスク天板裏に
マジックテープを
貼り、ケーブルを
くっつけています

ストレスのケーブルと向き合う

からまるゴチャゴチャ
ついに解決！

長年悩みのタネだったケーブル類のゴチャつき。試しに買った山崎実業towerシリーズのデスク下電源タップ収納ラックが便利でした。コの字に下の歯が生えたような形状で、デスク下や壁面に取りつけて使います。我が家でもデスク天板の裏側に取り付けてみました。電源タップを収納し、余ったケーブルは歯のような部分に巻きつけて調節できます。そしてケーブルが垂れるのを固定するために、１００円ショップのマジックテープで、凸面をデスク裏に両面テープで貼り、凹面をケーブルに巻きつけてデスク裏に貼り付けられるように。これでコードが散らかって掃除機に引っかかることも、埃が溜まることもなくなり、リビングからの景色もかなりスッキリしました。

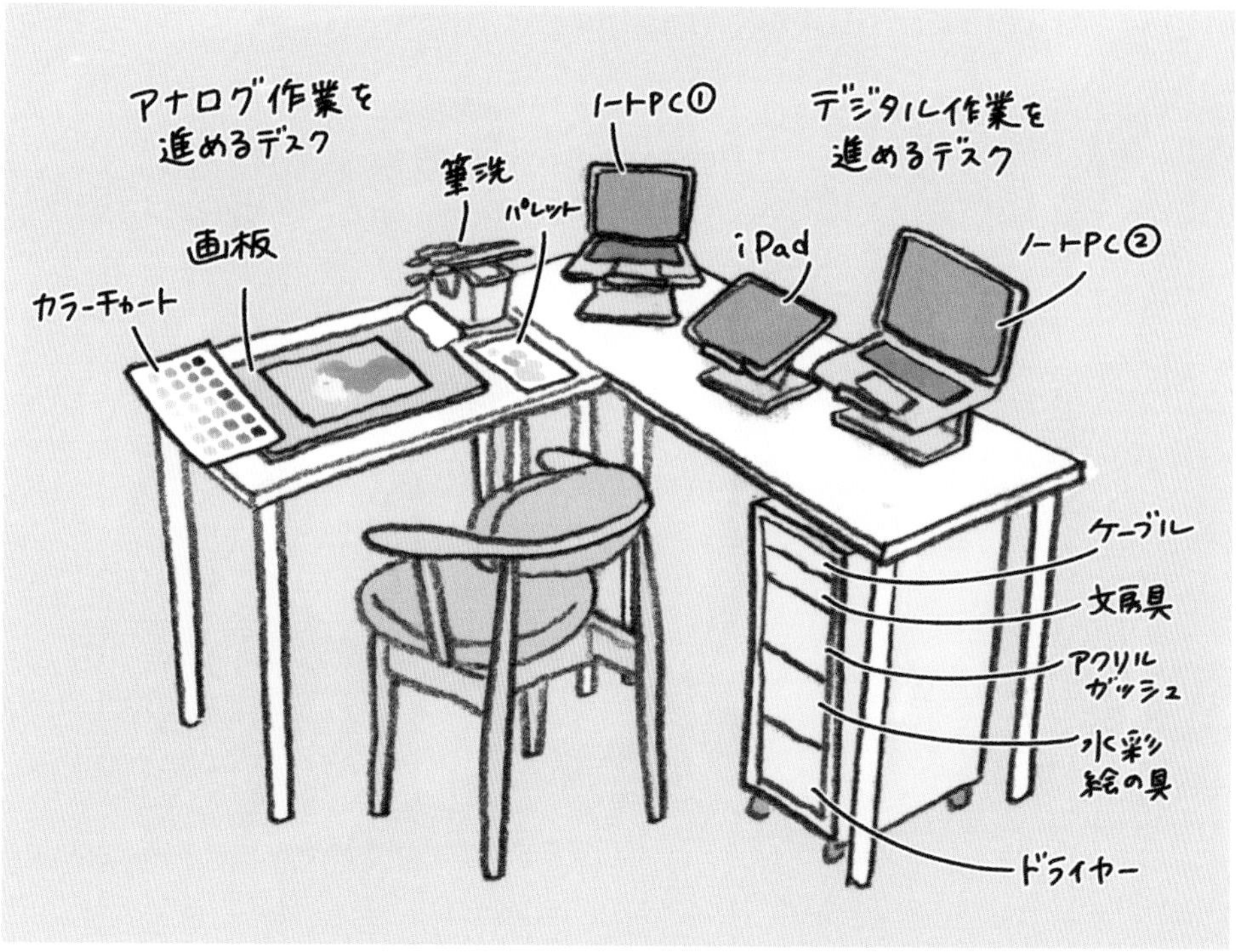

こまごました画材をしまう

描きやすく、取り出しやすく

絵の具などのアナログ作業とデジタル作業のどちらも行う人がもつ悩みとしてよく聞くのが、アナログ作業を開始したらデジタル作業をする場所がなくなる問題。毎回片づけては再度セッティングしていましたが、今はデスク2台をL字に置いて、デジタル用とアナログ用に分けました。

画材や原画の収納とミニマルな暮らしの両立について聞かれることも多いですが、他のものと同様に使用頻度別にものの住所を決め、上限を決めて収納しています。リビングのクローゼット下段には原画を収納し、容量を超えたらキャンバスなどは塗りつぶして再利用するつもりです。機器と絵の具類は場所を分け、水気のあるパレットや筆洗は必ず寝る前に片づけています。

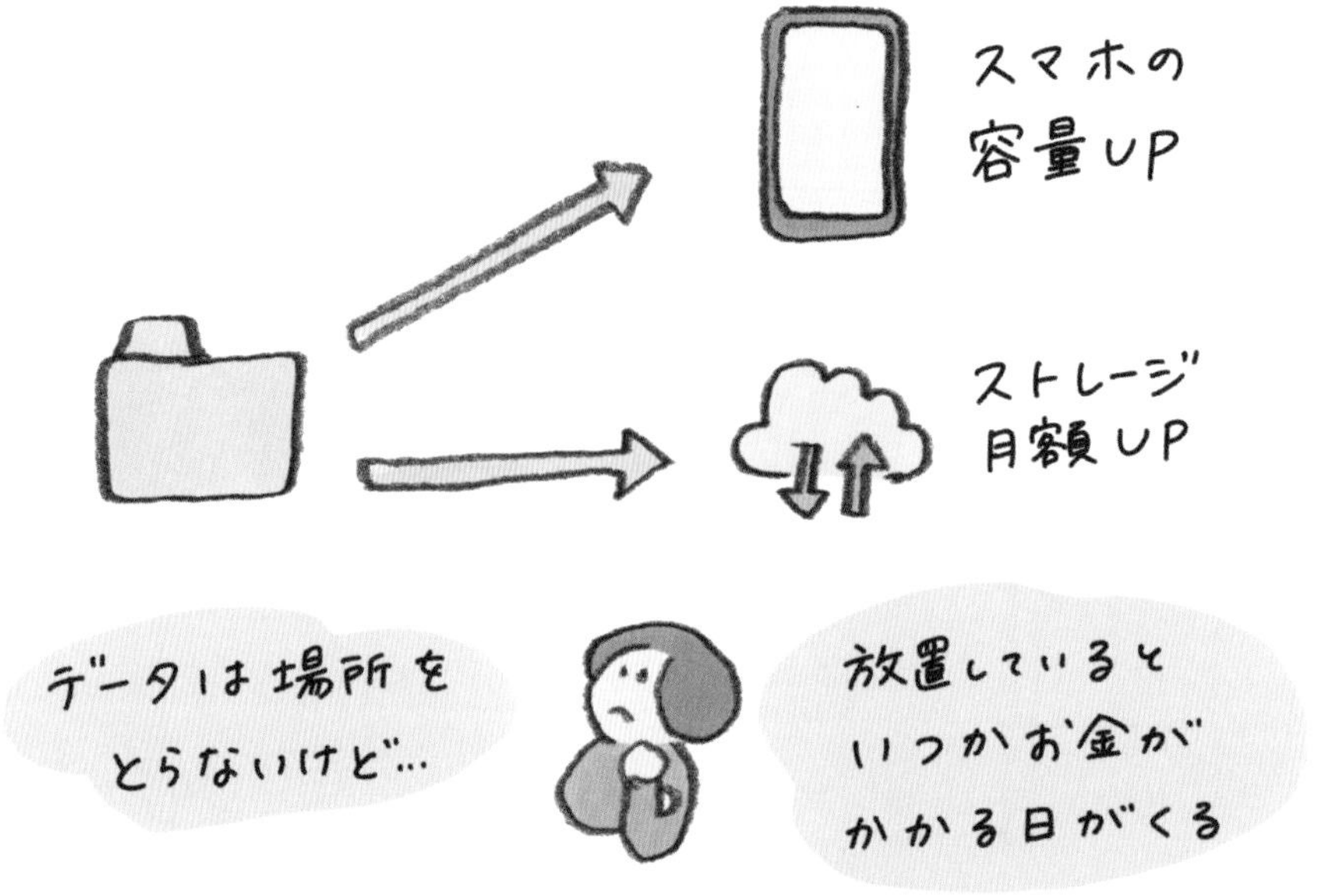
スマホの
容量UP
ストレージ
月額UP
データは場所を
とらないけど…
放置していると
いつかお金が
かかる日がくる

データ類をすっきりさせる

定期的に「捨てる」習慣を

データって物理的には場所を取らないので整理が後回しになりがちですよね。でもそのままにしているとスマホの容量をオーバーしてしまい、データ容量を大きくすると金額が上がります。また、クラウドに上げても一定の容量を超えると月額プランが高くなったり、どこかでお金を払う必要が出てきます。私はまだベストな方法を見つけているわけではないですが、一旦は、「データ整理の時間」を設けるようにしています。乗換案内や地図のスクショなど、その出来事が終わって不要になった写真があるはず。それらは確実に消していきます。また写真撮影時は大抵複数枚撮ると思いますが、最もよく撮れた1枚を残してそれ以外を消すだけでもかなり枚数が減らせます。

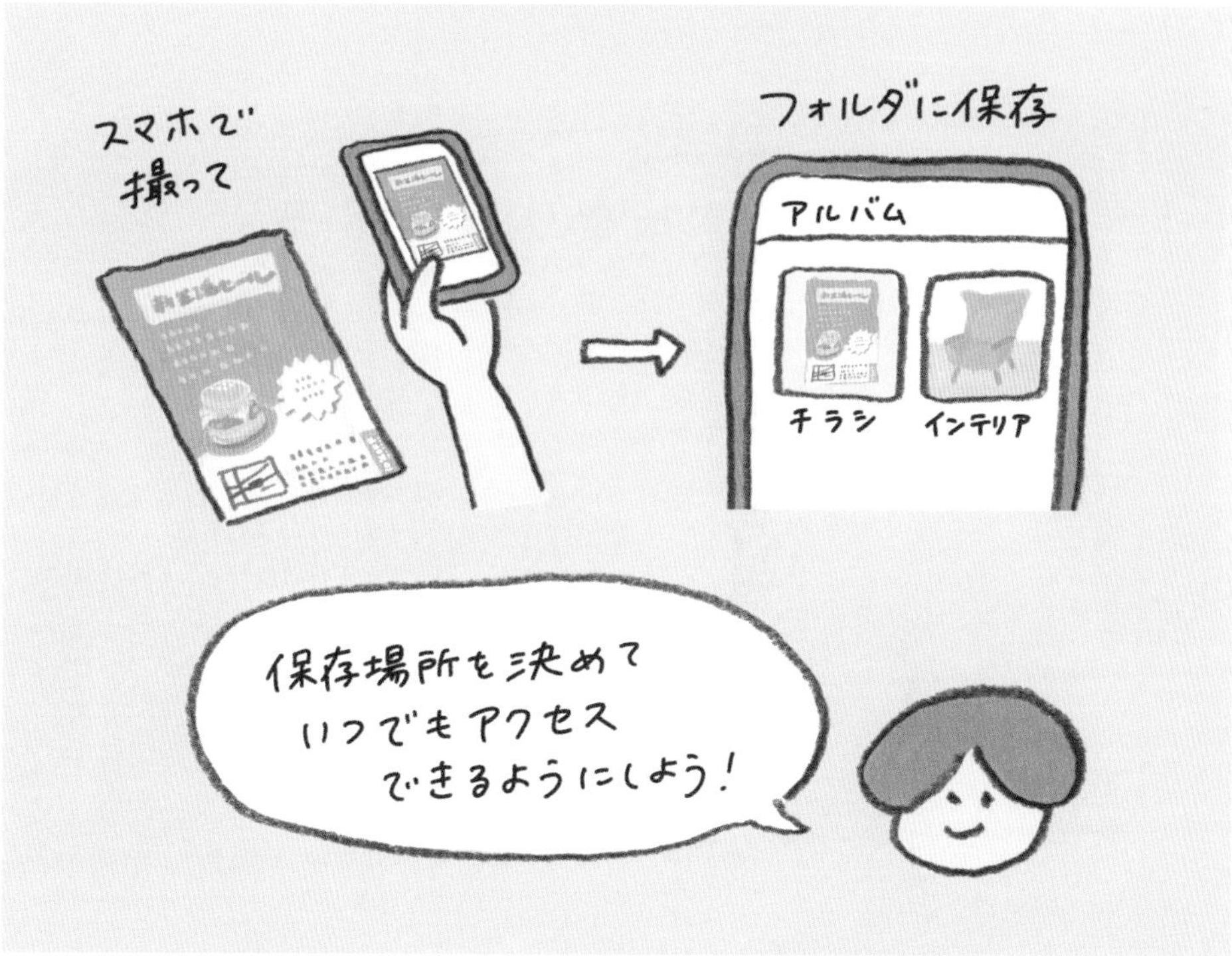
スマホで
撮って
フォルダに保存
アルバム
チラシ
インテリア
保存場所を決めて
いつでもアクセス
できるようにしよう!

溜まるチラシをスマホに保存

フォルダで一覧性を高める

食関係やフィットネスのお知らせなど、チラシは毎日のようにポストに投函されます。基本的にはすぐ処分していますが、中には情報を残しておきたいものもありますよね。例えば、近所の新装開店のお店情報や今度利用してみたいデリバリー、ヨガ教室、ジムのチラシなどです。ただ、そういったものは物理的に残すとなかなか置き場所が決まらず、また捨てるタイミングにも悩むので、スマホで撮影して紙は手放し、情報だけ残すようにしています。撮りっぱなしだと探し出せなくなるので、まずスマホの「写真」の中に「チラシ」などのフォルダを作ります。撮影したものはそこに保存するようにして、情報をいつでも取り出せると便利です。

タスクをすっきり整理する

フリーランスで在宅ワークだと言うと、「よくやる気出せるね？　私は出社しているから仕事できてるけど一人だとサボっちゃいそう！」といった言葉をかけられることが多いです。働かないと収入が途絶えるのでむしろ常に追われている感覚で、休みをとることに恐怖心があるくらいですが、毎日一人でスケジュール管理をしなければならないので、私の場合はこんな風にしているというお話をします。

まずPCの右端に常に「スケジュール」という名前をつけたデジタルのメモ帳を表示します。ここに日付を書き、今日やることを書き出します。そして大まかにかかる時間を予測して書き込みます。例えば、10:30〜11:30連載Aテキスト、11:30〜12:00連載Bイラスト2点ラフ、というような形です。そして実際に取りかかり、終えた際に所要時間を書き残しておきます。連載Aのテキストが1時間でいけるかと思いきや1.5時間かかった、など。そして休憩時間もかかった分だけ書きます。15分だけ寝て戻るはずが40分寝てしまったなどです。時間はあくまで予想なので、この記録がその後の時間予想の確度を上げる手助けになります。今日終えられなかったタスクは、明日のやることリストにコピーし、寝るまでに明日の予定を大まかに組んで、打ち合わせなど時間が決まっているものがあればスマホのアラームを設定しておきます。こうすれば朝に打ち合わせがあることを忘れる、というようなことを防げます。

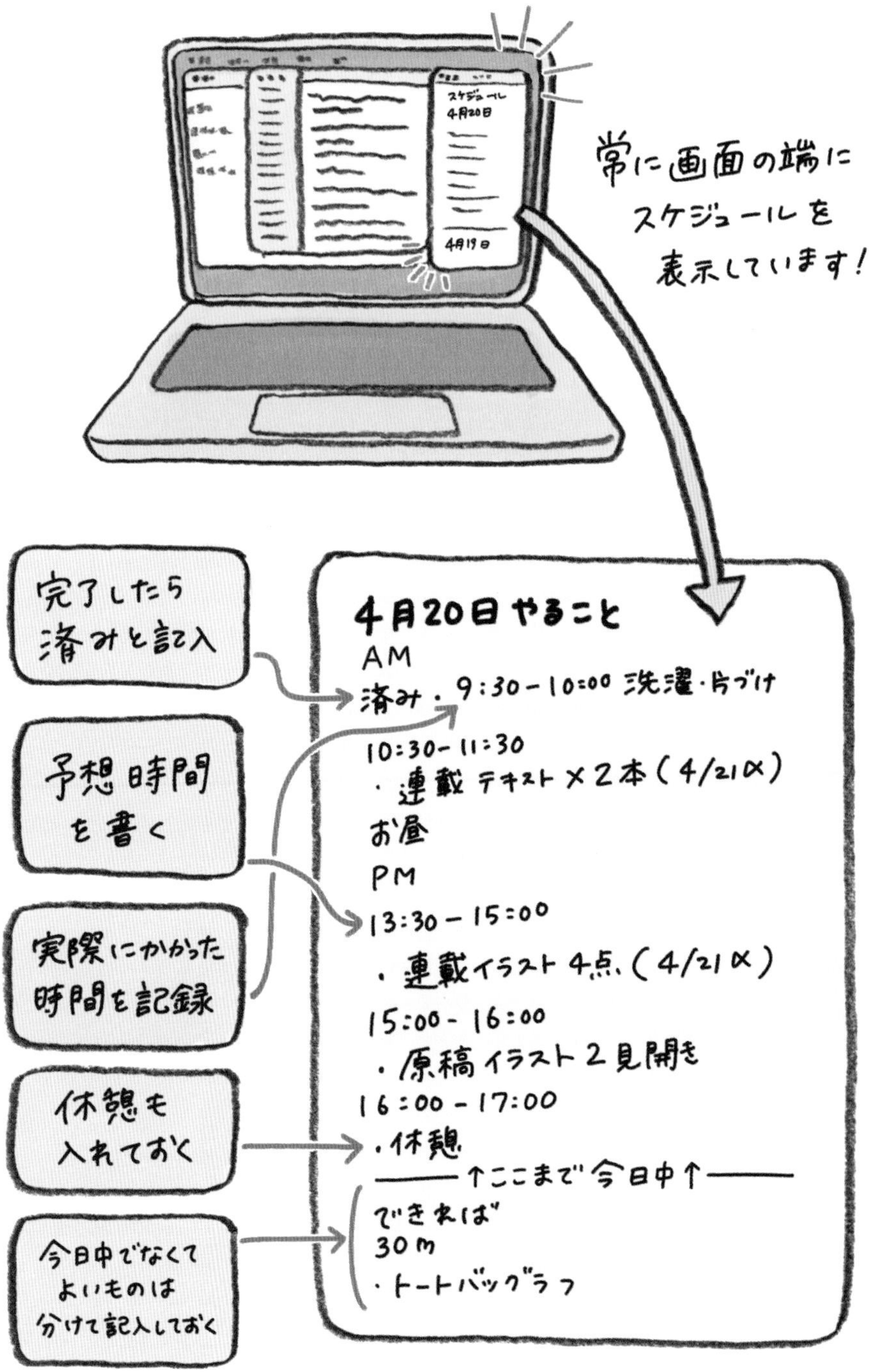
スケジュール
4月20日
4月19日
常に画面の端に
スケジュールを
表示しています！
完了したら
済みと記入
予想時間
を書く
実際にかかった
時間を記録
休憩も
入れておく
今日中でなくて
よいものは
分けて記入しておく
4月20日やること
AM
済み・9:30−10:00 洗濯・片づけ
10:30−11:30
・連載 テキスト×2本（4/21〆）
お昼
PM
13:30−15:00
・連載イラスト4点（4/21〆）
15:00−16:00
・原稿イラスト2見開き
16:00−17:00
・休憩
——↑ここまで今日中↑——
できれば
30m
・トートバッグラフ

久しぶりのベッドと、片づけ

健康面を重視して

先日マンションを購入し、10年以上ぶりに和室のない家に住むことになりました。フローリングになったことで床に直接マットレスを敷くとホコリや髪の毛などの汚れや、湿気・冷気などが気になるので、久しぶりにベッドフレームを使うことにしました。もともとベッドをやめたのは、賃貸暮らしかつ住むエリアを自由に選びたいという思いから引越ししやすくするためでした。いつもハイエースを借りて自力引越しをしていたのもあって、ベッドの解体と組み立てが面倒すぎて、その手間を手放して身軽な寝具にしておきたかったのです。しかし、今回は一旦は長く住むつもりで購入した家なのでしばらく引越しの予定はないため、ベッドを導入することにしました。

　ベッド下収納のあるものにすれば収納力がアップしますが、ベッド下の掃除機をかけやすいようにしたいと思い、シンプルに脚だけのついた収納なしのタイプを選択。ダニ・ホコリアレルギーがあるので掃除しづらくなって健康を害するくらいなら、ものを少なく保った方がメリットが大きかったのです。寝室は極力ものを少なくしようと思い、私のものはコンポニビリに収まるケアグッズや本だけなので片づけもラクです。ちなみに寝具は冬はニトリの羽毛布団、春夏秋はとろ〜りケットを愛用。どちらも洗えます。とろ〜りケットはひんやりした肌触りで、夏場にエアコン下で寝るときにも重宝しています。

坂内拓さんの
ポスター
ロボット掃除機が
通れる脚の高さで選んだ
「10分で組み立てられる
タモ材のすのこベッド」(ベルメゾン)

(069) 上段に耳栓など、中段に本、下段に中山式快癒器を収納。

Column 3

暮らしの質を上げてくれたもの

ここ3年ほど、コーヒーミルを買いたいなと思っていました。しかし、手回しのものか電動のものにするか、臼式かプロペラ式かなどを決断するために情報を調べて比較検討するのが億劫で延ばし延ばしになっていました。そんな状態だったのですが、今年の春頃、イラストの展示を終えたお祝いに元同僚の友人からコーヒー豆をもらいました。これを機にようやく本腰を入れてミルを探し始め、充電式で電動の臼式ミルを購入しました。Delimoのコーヒーグラインダーというものです。挽きたての豆はハンドドリップでお湯を注いだ時に、沼のようにならず山のように盛り上がります。挽きたてのコーヒーってやっぱり美味しい。「の」の字を描くようにお湯を注ぐ作業は動く瞑想のようでもあり、コーヒーを淹れる時間がいい気分転換になっていることに気づきました。

もらったのはコーヒー豆1袋なのですが、ミルを買う機会と、コーヒーを淹れる生活習慣もプレゼントしてもらったようで嬉しい出来事でした。

Part 4

朝・昼・夜の10分間

毎日を
リズムよく過ごすために、
バタバタする朝、昼、
疲れている夜に
ゆとりを
生み出すための工夫、
シェアします。

わたしの夜時間

心地よいルーティンをつくる

みなさんは夜
どんな風に過ごして
いますか?
我が家の
平日の
平均的な
夕食後の過ごし方を
紹介します
22時まで絵をアナログで
描いていることが多いです
ノンカフェインのお茶、
白湯、甘酒などの
あたたかい飲み物で
癒されています
22時を回ったら
入浴
一年中、湯船に
浸かるように
しています
音ゲー
してます
スキンケアは
ニキビ対策第一で
揃えた精鋭部隊
「肌がごくごく水分を飲み干している」
とイメージすると肌にいいことを
している気がしてきます
ごくごく
飲むがいい…
工程は面倒ですが
イメージの力で楽しく感じられます

ガチャ
天井照明は点けず
読書灯だけの方が
入眠しやすい
ことに気づきました
寝る前は
ハンドクリームと
リップで保湿
中山式快癒器の
上に乗り
体のコリをリセット
自重で
ツボ押しできる
乗ったまま
眠らない
よう注意!
「さあ寝よう」と
目を閉じると
考え事をしてしまい
逆に眼が冴えるので
眠くなる瞬間まで
読書して
ガクッと眠気に襲われた
ところで眠るのが
毎晩のルーティンです
スマホよりも
紙の本の方が
眠くなれる
と気づきました
カクッ
耳栓をして
おやすみなさい

朝、ぱっと服を決める方法

温度とＴＰＯがポイント

2章でご紹介した通り、シーズンごとに使うアイテム、コーデは大まかに決めています。ここでは、実際にその日のコーデをどうやって選ぶか、という話をしたいと思います。私の場合は、気温とＴＰＯが大きな軸となっています。

まずは気温ですが、たとえば同じ春でも夏寄りか冬寄りかで着る服が変わります。そこで、気温別に「暖かい日」「真ん中の日」「寒い日」それぞれのコーデを決めておきます。そうすれば朝、天気予報を見て気温に合わせて選べばＯＫ。最高20度で最低10度なら薄手のアウターで、最高5度で最低2度であればキルティングジャケット、風速5メートルなら防風してくれるコートというふうに決めておくのです。

ＴＰＯの要素も重要です。カジュアルなアウターが心地いい日でも、行き先がかちっとしたレストランであれば当然、きれいめの格好をする必要があります。こちらも同様に「きれいめの日」「ほどほどの日」「カジュアルな日」というふうに3段階に分けます。そうすれば用途別にコーデをさっと決められます。

ちなみに、私自身が寒がりなのに動くと汗かきなこともあり、真夏と真冬は出先でも温度調整できるものを携帯しています。夏はアームカバーで冷房による冷えに対応できるようにしています。真冬は帽子と指先が出る手袋、レッグウォーマーを持ち歩き、体感温度に応じて着脱し、調整しています。

気温で決める

TPOで決める

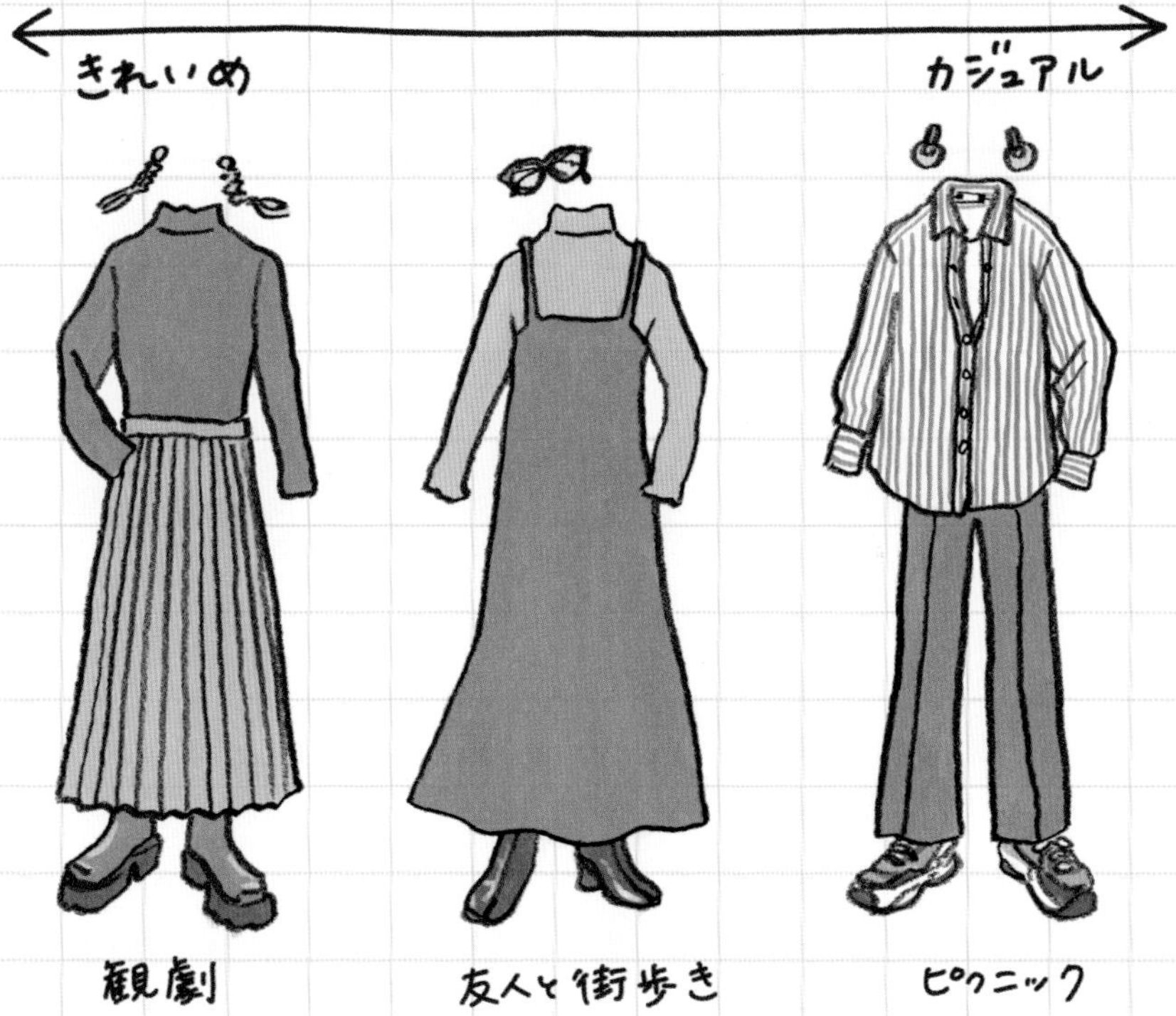

Wed.
友人と会う
バレッタでささっとハーフアップ
⑤ スウェット
⑥ ダルメシアン柄スカート
サイドゴアブーツ
ブーツの中にNew balanceのインソールを入れていて、スニーカー並に歩ける！
Mon.
オンラインミーティング
寝間着の上から前開きのワンピースを着れば、カメラオンも怖くない。
① 花柄ワンピース
これで近所のスーパーも行く。
Tue.
カフェで作業
③ ストライプシャツ
② トレンチコート
④ フレアパンツ
New balance 2002R
ある年の春の
10着で1weekコーデ

Thu.
習い事へ
週1で画塾へ。大荷物なのでIKEAのショッピングバッグ活用。
Sat.
観劇
ヘアカフが便利
結び目に差し込むだけでヘアアレンジ完成。
⑧ タートルネックプルオーバー
⑨ キャミワンピース
Tabiブーツ
Sun.
ピクニックへ
⑩ カットソー
Tシャツ+シャツで温度調節
フリスビーなどで遊ぶので走れるスニーカー
⑦ スカート
Fri.
カフェで作業
church's

わたしの朝家事

気力のある時間帯ならラク

朝、家事をすると気持ちいいと気づいたのは会社員時代のことです。帰宅後の家事はとにかく疲れていて億劫だったので、試しに少しだけ早起きして、朝ご飯の前に家事を10分するようにしてみたのです。すると、同じ作業なのに心持ちが全然違います。

窓を開けるとひんやりした風が吹き込み、朝日が差し込む中で洗濯物をたたんだり、掃除機をかけたりしていると、家事自体が気持ちいいものに感じられました。手を動かすと無心になれて、動く瞑想みたいだとも感じました。終わると目の前が綺麗になっていて気分がよくなりました。嫌いだった家事が好きな作業に変わったのは衝撃で、それ以降ずっと家事は日中にしています。朝家事、おすすめです。

TADAIMA
TADAIMA
TADAIMAのアロマオイル
オレンジの香りが好き
あたたかい飲み物は
欠かせない
フォートナム&メイソンの
アールグレイがベスト!
高いけど…
WHITE
NOBLE
TEA
三井農林のアールグレイ。
もう何十回もリピート買いしてる。
アイスティーにしてもおいしい。
ヤマザキのお団子は必須。
こしあん派です。

作業中の休憩タイム

お茶時間がとにかく好き

机に向かって長時間作業を続ける身として、気分をつくってくれる飲み物はとても大事。紅茶はアールグレイが好きですが、ブランドによって結構味が違います。ベルガモットを加えてつくられていますが、その配合によって味が変わってくるようです。自分好みのアールグレイを探すのは、ささやかな楽しみです。

また、お団子も休憩タイムの大切なお供。ヤマザキのこしあんがかかったお団子を緑茶と一緒にいただくのが楽しみ。焼き目のついたお団子の香ばしさとお団子自体のほのかな甘さが好きで、あんこで糖分補給して心が癒されます。アロマオイルも気分転換を助けてくれるアイテム。リフレッシュできるアイテム探しはこれからも続きます。

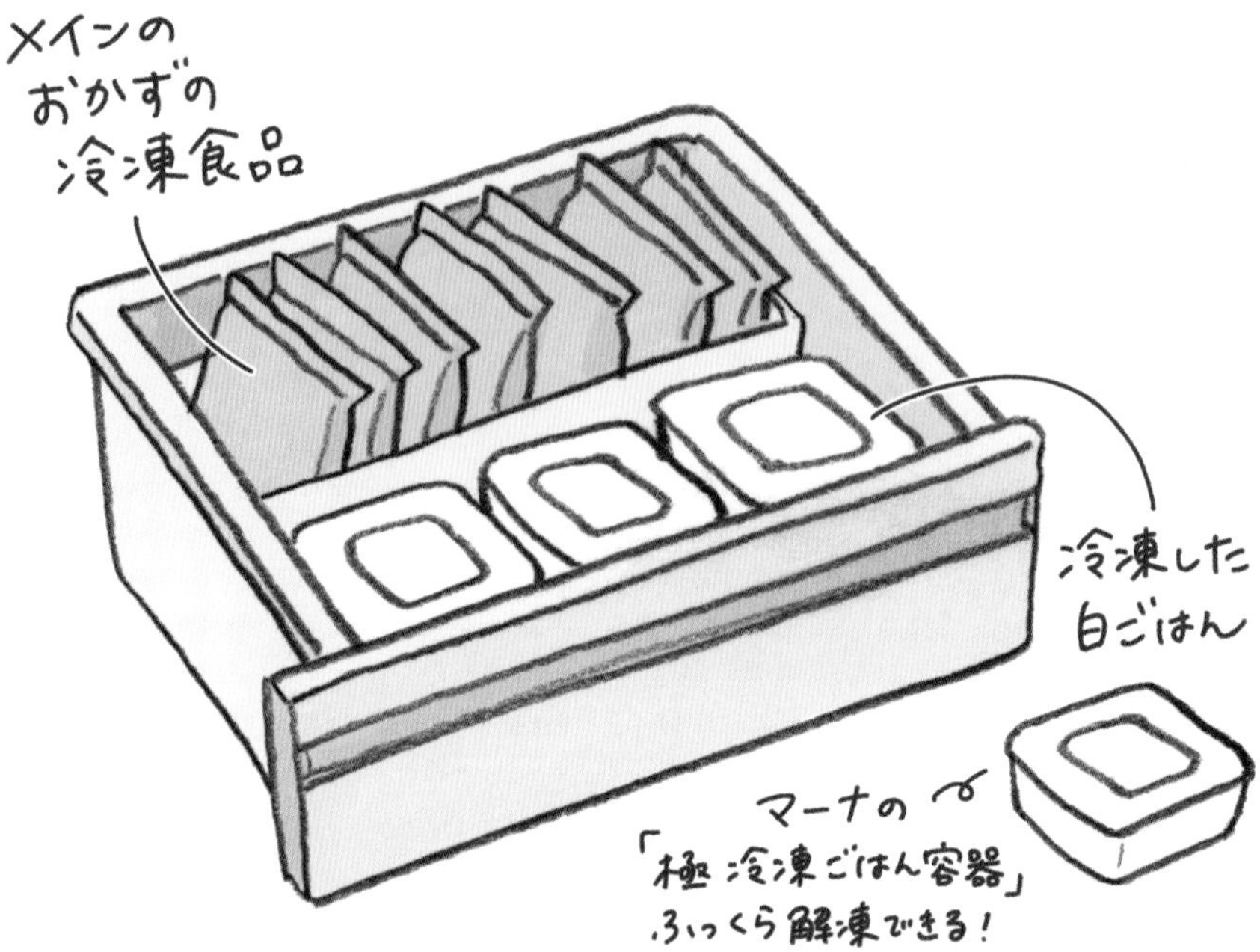
メインの
おかずの
冷凍食品
冷凍した
白ごはん
マーナの
「極 冷凍ごはん容器」
ふっくら解凍できる!

うちのお昼ご飯

お茶漬けブーム到来中

夫婦ともにほぼ在宅ワークのため、一緒にお昼ご飯を食べています。10分ほどでできるお茶漬けの素を使わないお茶漬けにハマっていて、かつお節、塩こんぶ、白ごま、あおさ、梅肉チューブ、わさびを入れてお湯で薄めた白だしをかけて食べているのですが、これが絶品！お腹が空いてくると「あのうま味たぷたぷのお茶漬けが食べたい…！」と狂おしいほど恋しくなります。

白ご飯は1食ずつマーナの極シリーズの冷凍ごはん容器を使って冷凍していますが、解凍したものと思えないくらいふっくらおいしいご飯が食べられます。鯛などをバーナーで炙ってからお茶漬けにのせて食べるのも楽しく、次はどんなお茶漬けにしようかとワクワクしています。

うま味のトリコ

お茶漬けに夢中

晩ご飯は自炊1/3で

料理はアクティビティと割り切る

共働きで毎日完璧に自炊をする必要はないと考えているため、平日の晩ご飯は、冷食と中食と自炊の比率が1対1対1くらいです。料理＝毎日必ずしないといけないものと捉えると苦しくなってしまうので、SNSなどで美味しそうなレシピを見てやる気に火がついたときに取り組むような形にしています。仕事の合間に夫が仕込み、ホットクックまかせで夕食を完成させる日も。2人で揚げ物やちょっとした料理をするのは楽しみにすらなっています。

最近はとり天をつくったり、長谷川あかりさんの「しょうゆだけ唐揚げ」や簡単ハンバーグを作ったり。れんこんをオリーブオイルで両面焼いて、ハーブ塩をかけて食べるのにもハマっています。

酒蒸し
ハンバーグ
長谷川あかりさんの
レシピが楽×時短で
よくつくります。
下味は
しょうゆだけ!
しょうゆだけ
唐揚げ
他にも楽で
よくやるのが…
れんこんを
オリーブオイルで
両面焼いて
ハーブ塩をふるだけ
すぐできて
楽!
コーン缶をバターで
炒めてしょうゆと
黒こしょうをかける

空き時間の楽しみを考える

空白が生まれたら

日常の中でぽっと休めそうな余裕が生まれたら何をしていますか？　数十分の余裕ができたら買い物ついでに花屋に立ち寄ります。花を手にして帰ると季節を持ち帰ったようで気持ちがほころびます。半日余裕が生まれたら、日帰り温泉へ。湯上がりに寝椅子で昼寝したり読書したりして、ご飯とビールを楽しみます。一日時間がある場合は、折りたたみの椅子をリュックに詰めて海辺に行き、チェアリングします。チェアリングとは野外に椅子を置いて時間を過ごすこと。コーヒーを飲んだりフリスビーをしたりぼーっと海を眺めたり。出かけるのが億劫なときは好きな舞台のブルーレイを流して踊ったりします。空白は心を元気にしてくれるなと感じます。

リビングの畳ベッド周りは枝物などの大ぶりなものを飾っています。ここに何もないと一気に空間が物寂しく感じられるので大事な存在。

ドウダンツツジなどの
枝物は
長く楽しめて嬉しい

春の楽しみの1つは
チューリップを飾ること

仕事デスク横の棚の上にお気に入りの花たちを。この棚の上に花を飾ってあると、仕事中のふとした時に視界に入り、癒されます。

すっきり寝るための夜の過ごし方

徐々に眠りのモードへ

夜寝る前には照明をオレンジの間接照明にして目が冴えないようにしています。そしてＰＣを開き日記をつけます。ＰＣに向かうのが億劫に感じる時は、ベッドに転がりながらスマホのメモ帳に書くことも。モーニングページ（書籍『ずっとやりたかったことを、やりなさい。』の中で紹介）といって頭の中に浮かんだことをそのまま書くことを毎日続けるワークがあり、それを２０１６年から続けていますが、朝に限定すると書けない日もあったので、寝る前が自分に合っていました。脳の排水だと思って、頭に浮かんだことを全て書き出します。本来は紙３ページ分なのですが、書きたいことがなくなったら終了というゆるい形で気楽に続けています。

また、いきなり目を閉じて眠りにつくのが苦手で、何かしら文字を読みながら過ごし、ガクンと眠気に襲われたタイミングで目を閉じるのが一番気持ちよく眠れます。以前はＸ（旧Twitter）を見ることが多かったのですが、ショッキングなニュースに触れてしまうと目が覚めたり、興味がありすぎる事柄だと検索したくなったりと睡眠から遠のいてしまいます。最近は小説のほか、文体が好みの人のブログを読んだりしています。スキンケア、ジュエリー、暮らし、旅、読書記録などの記事を読むことが多いです。興味がありつつも、小説と違って内容を覚えておく必要がなく、「またこのページを見ればいい」と思えるので、安心して読んでいられてありがたい存在です。

モーニングページならぬ…

寝る前日記で頭の中身を全部出ししてから就寝

明日も検討したいことがあればTO DOリストへ。

デジタルだとロックもかけられるし場所もとらないし便利で続けやすかった。

中山式快癒器が手放せない…！

上に乗ると自重でツボが押される仕組み。

気持ちよすぎて寝てしまわないようにだけ注意…

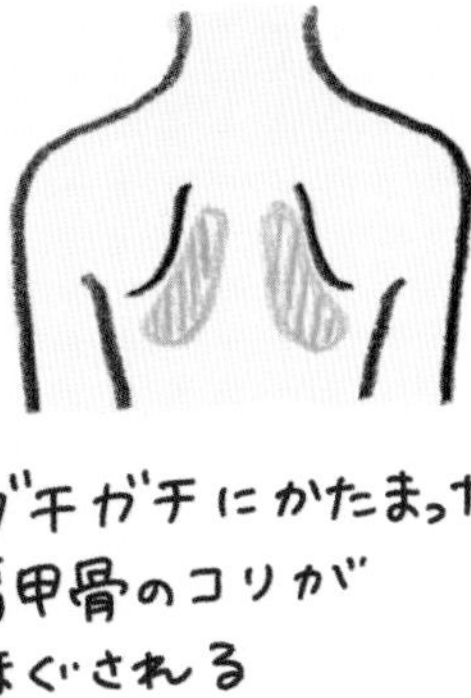

ガチガチにかたまった肩甲骨のコリがほぐされる

日記は「メモ」アプリを使っていて、スマホに共有されます。

Column 4

デジタルデトックス

先日コロナ陽性になり、5日間ほぼ一日中寝ていました。積読の山を崩そうと小説やエッセイなどを枕元に置いていたものの、全くページが進みません。喉が腫れて唾を飲み込むのもガラス片を飲むような激痛で、数秒ごとに思考が途切れました。ある程度まとまった文章を理解することが困難だったのです。何も覚える必要がなく、気楽に読める細切れの文章しか読む気がしませんでした。

目が疲れるのでデジタルではなくあえて紙で、今最も興味のあるもので、なおかつ細切れのものが読みたいと思い、美術史の本を買いました。ラスコーの壁画から現代までカバーする膨大な量で500ページを超えるものの、一人の作家の作品と来歴を1見開きでまとめてあるので、好きなページをめくって完結できます。これが気楽でよかったです。細切れだけど明日の自分に生きる気がする、というのが心を慰めました。スマホで電子書籍を読むのは、場所もとらず電車などどこでも読めて良い反面、通知に気をとられてすぐにSNSを開いてしまいがち。このデジタルデトックス的体験がとても心地よかった。しかし、やはり本を全て紙で読むのは場所をとりすぎます。

そこで、紙の本を読みたい時は図書館を利用し、今後も所持したいものは電子書籍で購入するのがベストだと感じました。体調を崩すなんて損しかないと思いましたが、良い本に出会えて読書について考えるきっかけができたのは収穫でした。

Part 5

未来への10分間

毎日は忙しくて
気づけば時間が経過。
でも少しずつ
立ち止まりながら
未来へ種まきしたい。
暮らしがよくなる
小さな手入れ、しています。

毎日を少し変えるために

最近はじめた運動について

在宅ワークで
最も作業を阻むこと…
こっくり
それは
食後の眠気!
あまりの眠気で
ほぼ気絶に
近いくらいです
眠い時に
文は書けないし
絵も失敗するので
こうなると
一回寝るしかない…
熟睡しないように
畳ベッドの上で
仮眠するようにはしています
とはいえ一度寝ると
起床のコントロールが
難しく…
10分で起きるつもりが
1時間経ってしまった…
毎日の作業時間が
読めないのが
ストレスでした

根本的に眠気がこないようにする方法はないか調べてみたところ…
お!
食後に軽い運動をするといいという情報に辿り着きました
食後の血糖値は運動で下がる
食後、血糖値の急激な上昇と低下が起こると眠くなるようなのですが
食後の軽い運動により血糖値の上昇が抑えられるそう
そこで毎食後スクワットや足踏み昇降をしてみたところ…
眠くならない!
強烈な眠気に襲われなくなりました
おかげで作業時間を読めるようになりスケジューリングの精度が上がりました
昼寝がないと就寝時の入眠もスムーズになったように思います
面倒でも後の自分が助けられます
ライブの映像に合わせて踊ると楽しく運動できる~
未来のための10分間の投資だと思ってやっています

 参考URL https://www.ritsumei.ac.jp/tanq/318855

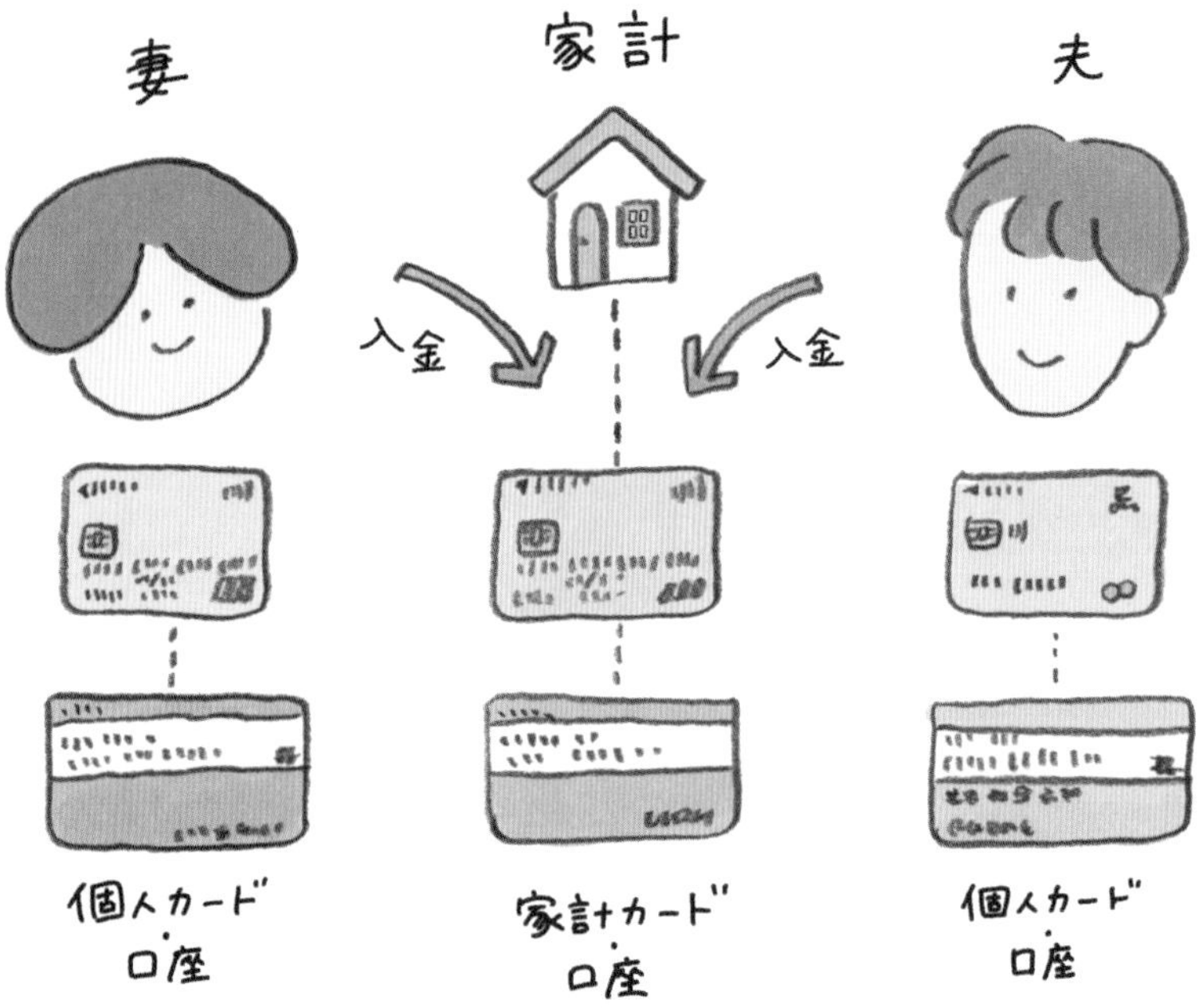

2人暮らしの家計管理

家族カードを活用中

友人によく聞かれる質問に「家計のお財布どうしてる?」というものがあります。我が家の家計は折半です。クレジットカードで家族カードを発行し、家計はそのカードで支払いし、個人の支払いは個人カードで行っています。月末に引き落とされる額を折半してお互いに共通口座に入れるという形です。現金の共有財布などはつくっていません。数百円などの支出は、QUICPayとPayPayに家族カードを登録しているので、都内近郊であれば大体の支払いは可能です。どうしても現金しか使えない場合はどちらかが建て替えてExcelの表に記入して数ヶ月に一回精算します。データのまとめを夫がやってくれるので、私はそれを見ながら変動の大きい項目を見て翌

家計用カードを
QUIC Payに
入れておけば
細かい支払いも
ほぼ困らない

月の計画をたてたりしています。

そして貯金や投資などは各々の名義で積み立てしています。年一くらいで報告はするものの、お互いの個人資産とするというルールで運用しています。投資したい銘柄も各々異なりますし、貯蓄と投資に充てる比率も好みがあるので、我が家にはこの方法がベストです。現状夫婦の年収がほぼ近しいレンジなのもあり現状の形に落ち着いていますが、もし今後働き方が変わって年収に差が出たら家計の負担割合を相談しようという話になっています。

またこれは働き方の話ですが、以前は依頼があれば全て受けるくらいの気持ちでがむしゃらに働いてましたが、時間と健康を大事にしたいという考えにシフトしてきました。好きな仕事をして生きられるよう、できるだけ生活費はコンパクトにして小さく暮らしたいという思いでいます。

料理の相棒を探す

長く使えるものを探したら

以前はテフロン加工のフライパンや鍋を使っていました。材料が焦げ付くこともなく便利でしたが、加工が剥がれるたびに買い替えなければいけません。せっかく手になじんだのに強制的に別れが訪れる感覚が虚しく、寿命が長い素材のものがいいと考えるようになりました。現在はテフロン加工のものはゼロ。お手入れをすれば長く使える柳宗理の鉄フライパンは10年近く愛用しています。出し巻き玉子を頻繁に作るので卵焼き器も別で所持し、そちらはambaiの鉄製のものを使っています。

そしてここ最近で料理の相棒に加わったのが、ビタクラフトの多層鍋。鍋も安価なものだと、底面は多層でも側面が一層ということが多く、その熱伝導率の違いが焦げ付きの原因になることが多いそう。蓋の取っ手が緩んできたので買い替えを考え、調べているうちに見つけたのがビタクラフトでした。これはステンレスとアルミの5層鍋で、焦げ付きにくい上、取っ手と一体化した構造が気に入りました。また、ブログで読んだ「茹で時間3分のパスタなら、沸騰したお湯にパスタを入れて蓋をし火を止め、3分置くだけで茹で上がる」という話もガス代節約になるところに魅力を感じました。購入してからはこの鍋がいとおしく、鍋を使うために料理したいと思うようになりました。私にとっては劇的な変化です。好きな道具を持つとそれを使いたいがために家事のモチベーションが上がるという新鮮な体験で暮らしが変わりました。

柳宗理
鉄フライパン
フタをずらすと
蒸気を逃がせる
ambai
玉子焼角
鉄フライパンは
洗剤をつけずに
たわしで洗って
火にかけて水をとばし
サラダ油を薄く塗るだけ
お手入れも別に
手間に感じない！
Vita Craft
colorado
余熱で調理できる
ON
沸騰した鍋に
パスタを入れて
OFF
めちゃくちゃ
エコ！
火を止めて3分放置！
これでパスタが茹で上がる！

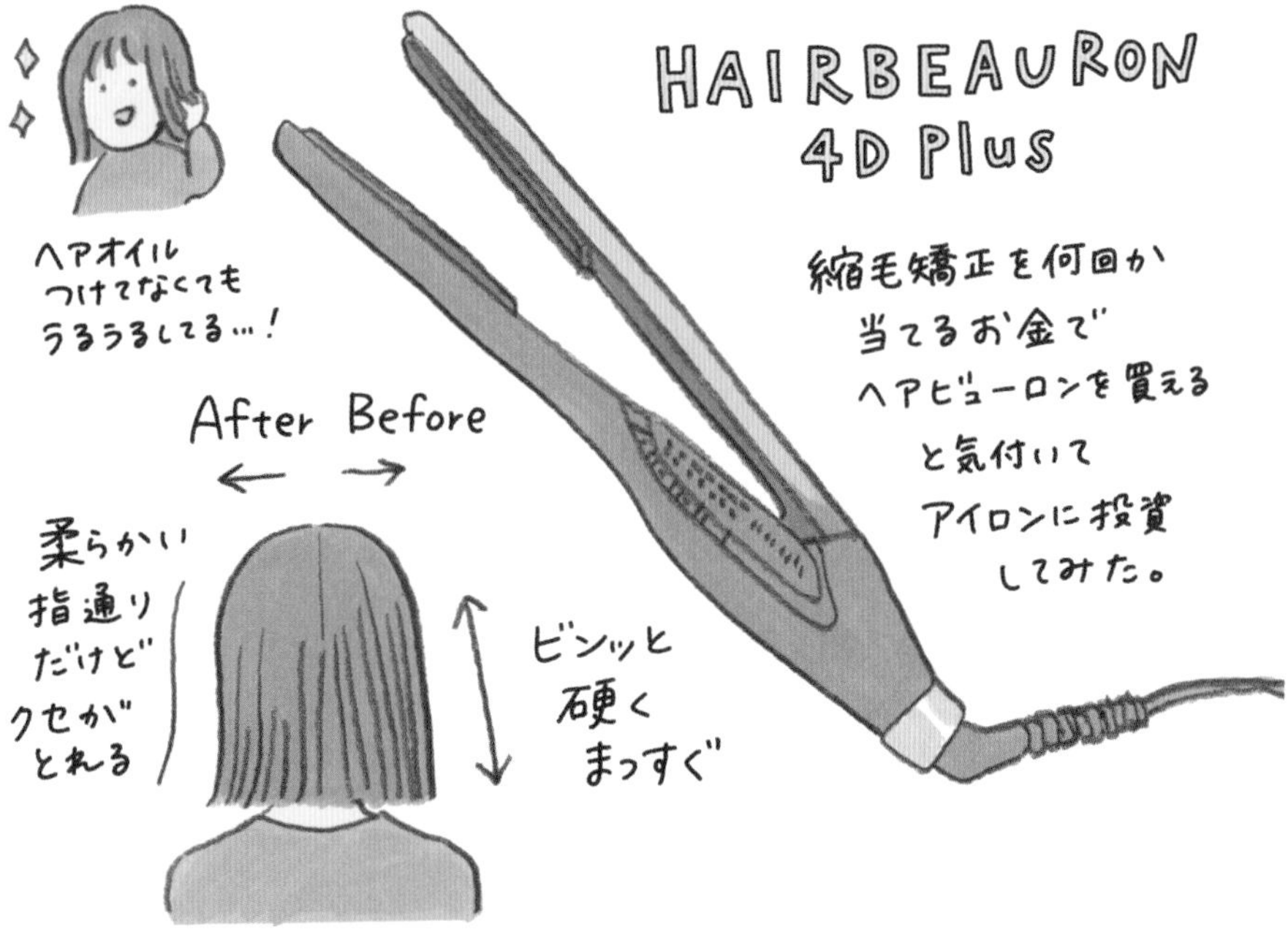
HAIRBEAURON
4D Plus
縮毛矯正を何回か
当てるお金で
ヘアビューロンを買える
と気付いて
アイロンに投資
してみた。
ヘアオイル
つけてなくても
うるうるしてる…！
After Before
柔らかい
指通り
だけど
クセが
とれる
ピンッと
硬く
まっすぐ

ヘアアイロンに投資する

美容家電で朝に変化

ここ最近買ってよかったもの美容部門で、トップに躍り出るのがバイオプログラミングのヘアビューロン４Ｄプラスです。

私の髪の毛は、常に左から右に向かって風が吹いているかのような癖がついているので外出前は大変。ヘアアレンジかアイロンのどちらかをしなければいけませんでしたが、アイロンを使うと髪が傷むのが悩みでした。そんなとき、美容師さんが「このアイロンならむしろツヤツヤになる」と教えてくれたのです。店頭で片側だけアイロンをかけてもらったら、見事にさらさらのツヤツヤに。それも、熱の力でまっすぐにした硬い感じのさらさら感ではなく、コシがあって潤いの指通りなのです。あまりにサラサラで鏡の前で気分が上がりました。

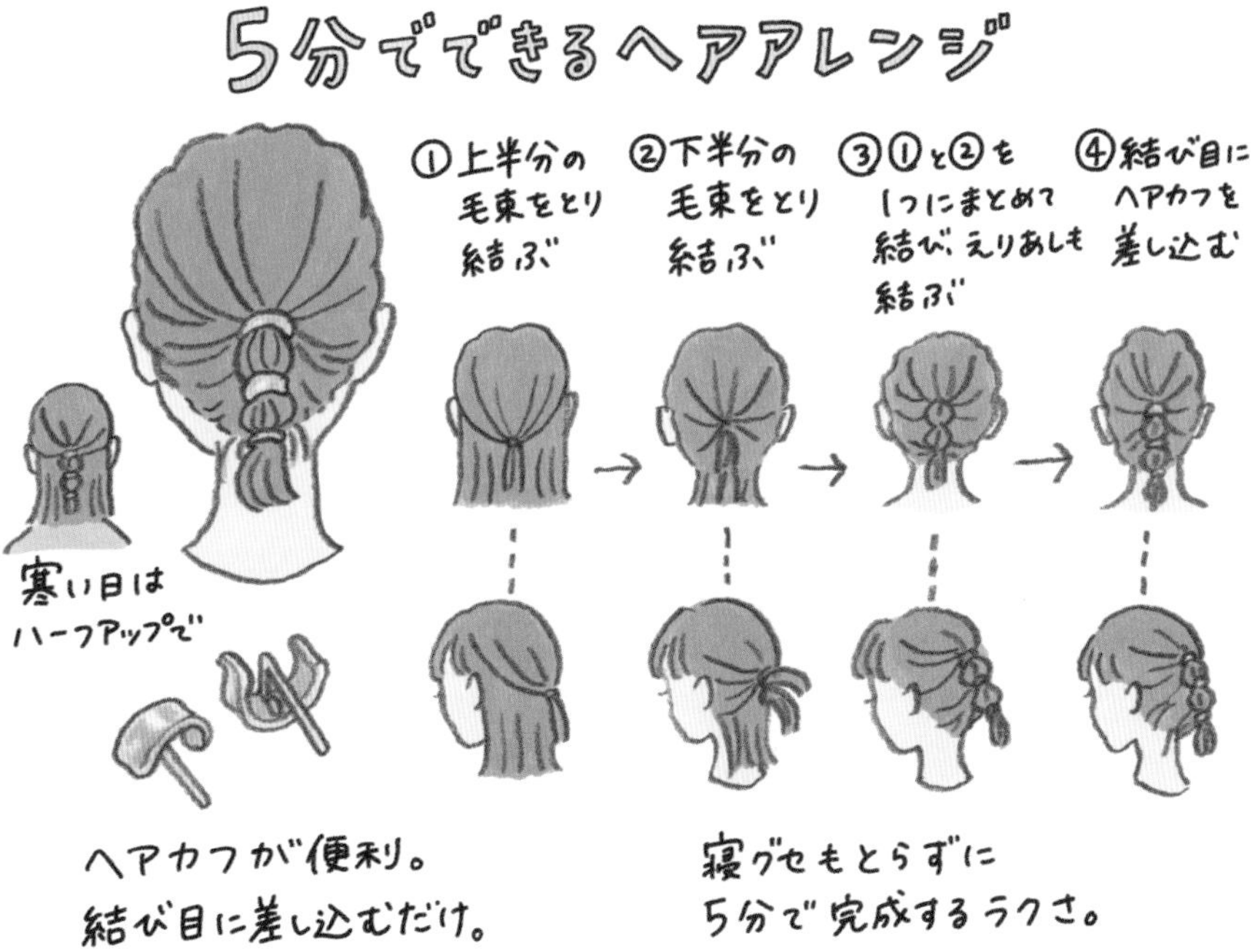
5分でできるヘアアレンジ
①上半分の毛束をとり結ぶ
②下半分の毛束をとり結ぶ
③①と②を1つにまとめて結び、えりあしも結ぶ
④結び目にヘアカフを差し込む
寒い日はハーフアップで
ヘアカフが便利。結び目に差し込むだけ。
寝グセもとらずに5分で完成するラクさ。

鉄板ヘアアレンジをもつ

定番スタイルなら失敗なし

とはいえ、夏はおろしていると暑いという別の悩みが出てきます。あるとき、「同じ友人に会うときに毎回同じヘアアレンジでも別にいいじゃないか」と私服の制服化と同様に髪型も定番化しようと思いました。ビニール製のヘアゴムでひとまとめにし、毛束を間を空けて2か所でくくり、ぽこぽこした膨らみをつくっていくイメージで髪を引き出し、最後にヘアカフを差し込んで終了。これなら複雑な技術は一切不要、成功率100%です。時間がないときにも悩まずに済み、ロボットのように自動でヘアアレンジを完成させられるので重宝しています。毎日のことだからこそ、頼れる家電と自分に合ったアレンジの方法が見つかれば、日々の快適度が上がります。

ハワイのような時間をもつ

理想の過ごし方に触れて

先日夫婦でハワイに行ったのですが、「理想の過ごし方」を考えるきっかけをくれました。そこではとてもゆったりとした時間が過ごせました。朝起きたら一番にベランダに出ます。朝日が出る前の淡いピンクから空の色が変化していくのをぼーっと眺めていると心が空っぽになり心地よいです。陽が昇ったら近くのカフェで買ったコーヒーとパンをホテル1階のバルコニーで食べるのが日課に。ワイキキで最も古くから存在するホテル、モアナサーフライダーに泊まったのですが、「この世にこんな多幸感に溢れた場所があるのか」と驚きました。大きな木の枝が広がり木漏れ日の影が壁で揺れている光景、小鳥がさえずり、そこにいる全ての人々の表情が幸せそうで、

暮らしにもっとハワイを！
家で取り入れたこと
窓辺にイージーチェアを置いて
外を眺める時間をとる
夕日を見る時間を
最優先で確保する。
←ベランダに椅子を出して日光浴。
手のひらを太陽に向けて
ビタミンDを生成…

辺り一面に幸せなムードが満ちていました。夕暮れ時の雰囲気もまた格別で、ワイキキのビーチ沿いには夕陽を楽しみに浜辺で佇む人がいっぱいでした。ここは人が何を着ているとかそんなことは誰も気にしない雰囲気で、夕日第一主義というようなムードが心地よかったです。

日本に帰ってきてからも、あのときのような気持ちいい時間を日常に取り入れたいと考えるようになりました。まず夕日を見る時間をとるようになりました。仕事であわただしく一日が過ぎていきますが、手を止めてベランダに立ち夕日を見ます。またイージーチェアに座って外を眺めたり、ベランダでの日光浴も取り入れています。短い時間ではありますが、日光を楽しむ時間を持つことがいい息抜きになっています。肩の力が抜けて、幸福度が上がりました。

大人のギフトを考えてみる

消えもので嬉しいもの

お祝いやちょっとしたお礼や、なにかとやりとりの多いギフト。私は自分がもらって嬉しかったギフトの経験を元に贈り物選びをしています。

たとえば、これまで嬉しかったものの例としては、自分がミニマリストかつお茶を毎日飲むと知っている人がくれた一保堂茶舗のティーバッグの詰め合わせ。消えものでいいものを楽しんでほしい、というその思いが嬉しかったのをよく覚えています。また、欲しいなと思いながらも自分で買う機会のなかったイソップのハンドソープも嬉しかったです。いい香りのハンドソープってこんなにも毎日の幸福度が上がるんだと驚き、そういう体験ごと贈ってもらった気分でした。先ほど書いた経験から定番と

もらって嬉しかったギフト
を参考にギフト選びしてる
一保堂茶舗のティーバッグセット
ほうじ茶、緑茶は毎日飲むので本当にありがたい…！ ティーバッグなのも気楽で良い。
ミニマリストだと知ってるから消え物を選んでくれる友人たち… ありがとう
ペこっ
めんつゆ・だし ＆ うどんセット
うどんラブなのとめんつゆヘビーユーザーなので本当に助かる…
いい香りのハンドソープ ＆ ボディソープ
自分なら買わなかった上質なもの。気分の上がる香り… 一度使うとトリコに。QOLが上がると実感し、使い切ったあともリピートするように。

してハンドソープを選ぶことは多いです。消耗品でなおかつ老若男女どんな方でも使うという点も汎用性が高いなと感じています。

　結婚祝いなどでは消えもの以外を贈ることもあります。最近贈ったのは、調理器具だけのカタログギフト。結婚した友人が料理好きなのですが、好きな分こだわりもあるはずと考え、決め打ちで特定の鍋やお皿を贈るよりも、相手の好きなジャンルは生かしながら、選んでもらう余地のあるカタログギフトはひとつの選択肢としてありだなと感じたのです。他には、本人にリクエストを聞いて贈ることもあります。ティーバッグと近所で買える焼菓子とのお茶セットも準備しやすく、自分の中で定番になりつつあります。喜んでもらえるギフト探しはこれからも続きます。

畳ベッドが大正解だった話

くつろぎにも、作業スペースにもなる

新居に引越すにあたって、欲しいと思っていた畳ベッドを購入しました。「建築家二人暮らし」さんのＬＩＶＩＮＧ ＢＥＤというものです。以前から、「リビングに畳の小上がりがある状態が理想のくつろぎ空間」だというイメージがあったのです。なぜソファでなく畳ベッドなのかというといくつか理由があります。まず、私がダニ・ホコリアレルギーであること。そうすると、ソファの場合は頻繁なお手入れが必要になってきます。また、畳ベッドはソファと違ってカバーを取って洗濯をしなくてもいいですし、掃除自体もしやすいです。和紙畳はダニが発生しづらく衛生的なのも魅力的。ソファは置きたくないけれど、リビングでくつろぎたい、と考えたときに、折りたたみのイージーチェアもいいなと思っていました。ですが、新居全体を好きなインテリアにしたいと考えると和モダンやジャパンディ（北欧と和をミックスしたスタイル）のテイストにしっくりくる畳ベッドがいいなという思いが強くなりました。

結果、いまとても満足しています。ソファと同様に座ったり、寝転んだりできるのはもちろんですが、思った以上に用途が広いのです。乾いた洗濯ものを一時的に置くこともできますし、描いた絵を並べたり額装作業もできます。もちろんお昼寝にも大活躍。小さな畳部屋がひとつあるような感覚でスペースを使えるのです。ちなみに、セミダブルのサイズを使っていて、寝具を置けば来客時の寝床にもなります。

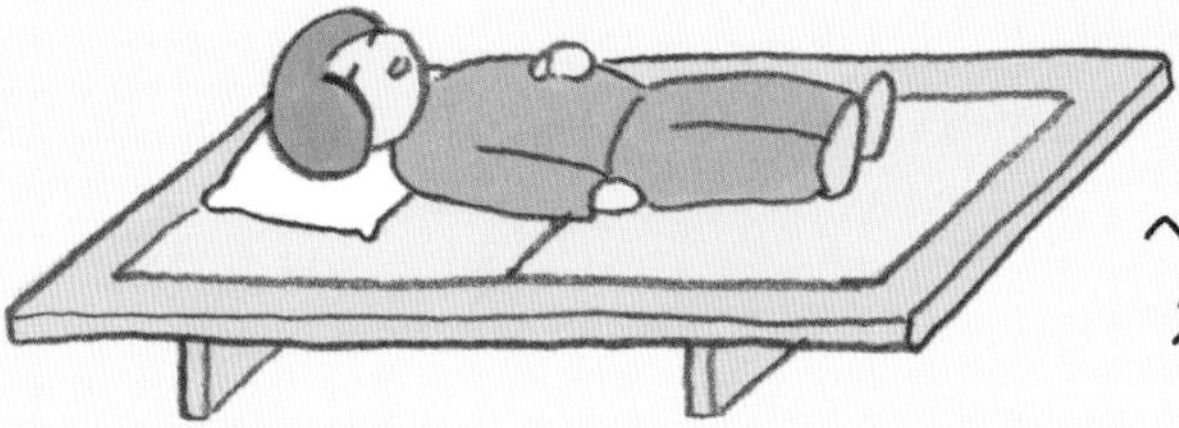

仕事中ちょっと
休憩したい時に
ゴロンとする

ベッドほどフカフカだと
本格的に寝てしまうので…

乾燥を終えた
ホカホカの洗濯物を
広げて熱を
飛ばしたり…

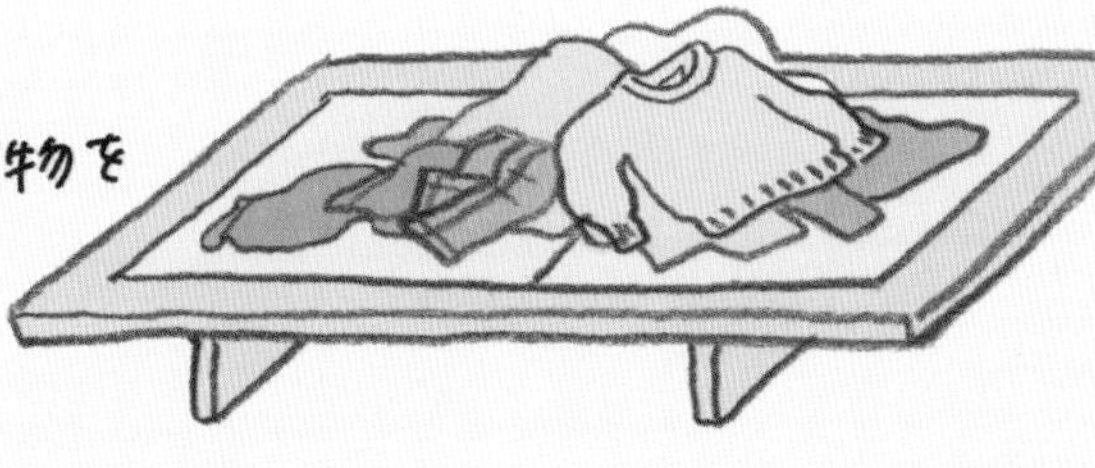

畳ベッドこんな風に使ってます

壁にプロジェクターで
映画を映して
ボーッと眺めたり…

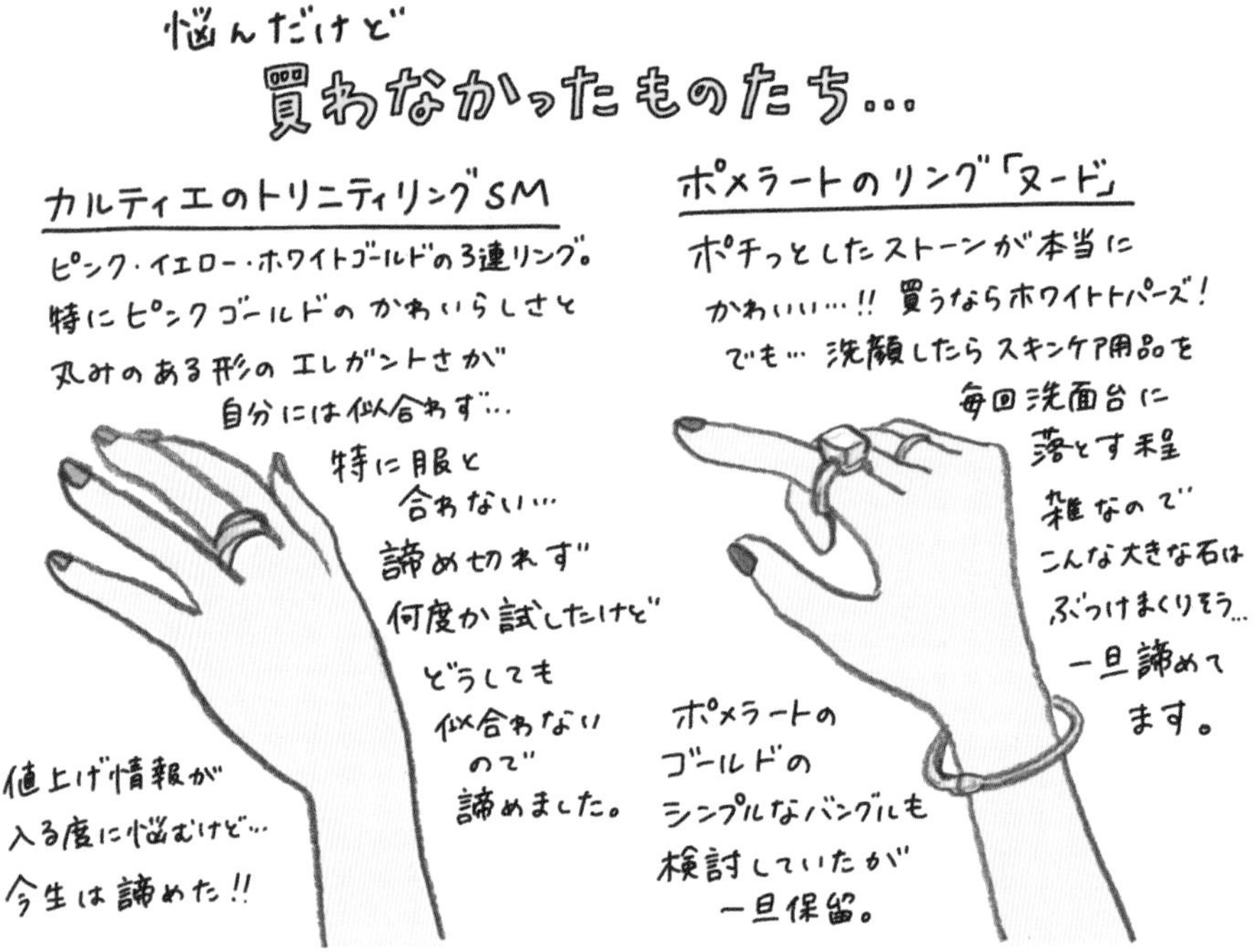
悩んだけど
買わなかったものたち…
カルティエのトリニティリングSM
ピンク・イエロー・ホワイトゴールドの3連リング。
特にピンクゴールドのかわいらしさと
丸みのある形のエレガントさが
自分には似合わず…
特に服と
合わない…
諦め切れず
何度か試したけど
どうしても
似合わない
ので
諦めました。
値上げ情報が
入る度に悩むけど…
今生は諦めた!!
ポメラートのリング「ヌード」
ポチっとしたストーンが本当に
かわいい…!! 買うならホワイトトパーズ!
でも… 洗顔したらスキンケア用品を
毎回洗面台に
落とす程
雑なので
こんな大きな石は
ぶつけまくりそう…
一旦諦めて
ます。
ポメラートの
ゴールドの
シンプルなバングルも
検討していたが
一旦保留。

ジュエリーを楽しむ

投資半分、趣味半分で

愛用のアクセサリーのメッキが剥がれて使えなくなったり、修理を受け付けてもらえなかったりという「気に入っているのに手放さないといけない」経験を経て、愛したものを長く使いたいと思うようになりました。そんなことから興味を持ったジュエリーは最近では投資対象でもあると感じています。ここ数年で値上がりを繰り返したハイブランドが多く、定価が約2倍になったものもあります。将来、デザインの好みが変わったり、自分で使えなくなっても、価値が上がっていれば値段がつきやすいはず。また、家族や大切な人に譲ることもできます。安価なアクセサリーを5つ買うなら、ジュエリーを1つ買うことのほうに関心が強くなっている今日この頃です。

愛用しているものたち

地金リングが欲しくて
いろんなブランドで試着を
重ねてたどりついたのが
ブシュロンのクルドパリ
YG《イエローゴールド》スモール

カクカクしていて
かっこいい。

MARIHA願い事リング

YG《イエローゴールド》の指輪をつけて
1本指を空けて
この指輪をつけると
つながり感が出て
まとまりが出る。

Tiffany&Co.
ハーモニー™ バンドリング

ハーフエタニティで、
ダイヤが入っていない面
があるので将来的に
サイズ調整できると
いうのが良いなと。

Joueteの
イヤリングは
つけているのを
忘れるくらい
本当に痛くない…！
↑これは落としたこともない。
汚れたらお店で
ささっとクリーニング
してくれる。

← これは1回目で
落とした…
ショック…

ゆれるものは
難易度高い

ティファニーは店舗が多く
持ち込んだらすぐに
クリーニングしてくれるのが
心強いので
ティファニーが好き。

Tiffany&Co.
バイザヤード
ペンダントYG

最初に買った
ジュエリー。
10年近く愛用。

Tiffany&Co.ハードウェア
マイクロリンクブレスレット

大きさで悩んだけど
手首が細めなのでノーマルの方だと
コマの大きさに負けそう…と思いマイクロに。
マイクロの小ぶりさがきれいめの服とも合ってよかった。

季節ならではのセルフケア

自然に触れて、体を労《いたわ》る

毎年秋になると憂鬱に悩まされます。これから寒くなるばかりだと思うと気分が落ち込み、また暑かった日々からどんどん寒くなる落差に体が驚くのか、メンタルに打撃があり、自分なりのケアを考え始めました。

気分が落ち込んでいた昨秋、実家のある京都で過ごしたら驚くほど心が晴れやかになったことがありました。賀茂川の河川敷を歩きながら、黄色く色づいてきた木々を眺めたり、原っぱでコーヒーを飲む人や散歩する人、ベンチで寝そべる人などを見ていたら、自由でのんびりしたムードに心が明るく穏やかになりました。また、都内にいた時はBPM速めの曲ばかり聴いてどことなく戦闘モードな日々でしたが、京都で

冬に気分を上げるためにやっていること
寒さが嫌になったら甘酒を飲む
寝る前に白湯を飲んだりも
ビタミンDのサプリを飲む
(血液検査したら欠乏症だったので…)
VD
湯の中だけが適温だ…
湯舟に浸かる
冬を楽しんでいる人の動画を見てヒントをもらう

はそのBPMが合わないと感じました。もう少しテンポの遅い、例えば「くるり」の曲などを聴いてバスに乗っていると流れる京都の街並みとテンポが合うように感じ、心の毒が抜けていくようで癒されました。

都内に戻ってもこのゆったりムードを保てるように、秋冬の心のセルフケアをしようといろいろ試し始めました。散歩できない日も木漏れ日の下でピクニックする動画を見て擬似的にでも自然を感じたり、寝る前に白湯を飲んで胃腸を温めたり、長めに湯船に浸かったり。窓を開けて風にあたったりもします。また病院でビタミンD欠乏症だと診断されビタミン剤を飲むようになりました。他にも秋冬を楽しんでいる人の動画を観て、季節を楽しむヒントをもらったりしています。秋は毎年訪れるので、心穏やかにリラックスできる方法を探りつつうまく付き合っていきたいものです。

気付いた
瞬間
すぐに
取りかかる
靴下
落ちてる

明日の自分のために「すぐやる」

気が重くなるその前に

小さいけれど心がけるようにしたこと。それは「先送りしないこと」です。

たとえば、部屋を移動するときに床に髪の毛が落ちているのが目に入り、「あとで掃除機をかけなきゃ」と思い素通りするのですが、脳内ではもう掃除機かけが始まっています。2度3度と通るたびに「やらなきゃ」が積もってストレスなので、それなら気づいたときにすぐさまやった方が楽だと感じました。

床に落ちた髪の毛でも、靴下でも、ボトルのシャンプー残量があと少しで補充が必要などでも、なんでも気づいたときにやってしまえばその作業は一瞬です。心のモヤモヤが減ると脳内リソースが増えて気持ちがシャキッとします。

常にPC画面の右端にメモを
表示させてなんでもメモ
→スマホのメモと連動
クラウドで連動
忘れっぽいので
後で思い出せるはずが
ないと思っているので
思いついたらすぐメモる
メモ
・荷物発送
6月10日
10:00~12:00
6月9日
スマホは
お風呂にも
持ち込んで
思いついたら
即メモ
メモは
"今日の日付の上"
と場所を決めて
どこに書いたか
忘れないように

思いつきをすぐにメモする

とにかく1か所に集める

思いついたことがあれば逃さずメモします。私は忘れっぽいので後で思い出すということはないな、と経験でわかってきました。もし、打ち合わせ中に何か思いついたらお相手の方に「メモをとっていいですか？」と聞いたり、歩いていて立ち止まれるなら立ち止まってメモに書きつけたりしています。もちろん手書きでなくてもよくて、スマホでもPCでもとにかくメモしていて、ここからやりたいことが生まれたりも。私の場合はメモは一本化しないと忘れるので、1ヶ月のスケジュールをメモアプリにまとめて1日ごとに更新しており、今日のスケジュールの上に書くと決めています。場所を決めておけば後で参照するときにどこに書いたかと迷うこともありません。

ちょうどいい家事シェア

向き不向きも考えて

家事の分担については、私と夫、それぞれの適性に応じて話し合い、役割分担しています。夫は家事の曜日や時間が決まっているもののほうが取り組みやすく、逆に私は「いつまでにこれをやる」と決まっているものが苦手。そのため、「火曜日の8時に燃えるごみをまとめて出す」というようなものは夫が担当してくれています。夫は担当の家事や家にまつわるタスクはすべてGoogleカレンダーに入れて、スマートウォッチに通知が飛ぶようにしています。

一方、「今週は自炊をたくさんしているから排水口の掃除の頻度を上げたい」とか「外食が多かったからキッチン周りの掃除は簡単でいい」等、状況に応じて調整をかけるものは、夫が掃除に重きを置かないこともあり、私が引き受けています。キッチンには一緒に立ち、片方が主菜を作っていたらもう一方が副菜を作ったり、隣で後片づけをしたりしています。

また、「共通の知人の結婚祝いをどうするか」「親戚が訪ねてくるときの食事の内容や予約をどうするか」といった突発的に生まれる名もなき家事に関しては、その都度お互いが「どうする？」とＬＩＮＥしています。気づいたほうがやればいい、では偏りが生まれてしまうので、夕食後に一緒にやる時間をとるなどして、共通の課題にすることが大事だと感じています。

私の担当
〆切のないもの
○床の掃除機かけ
○床の拭き掃除
○玄関の拭き掃除
○トイレ掃除
○洗濯物を畳む
○洗面所掃除
○お風呂掃除
○ほこりの拭き掃除
2人でやること
○買い物
○洗濯物を干す
○食事準備
○洗いもの
夫の担当
〆切のあるもの & 細かいもの
○ゴミ出し
○家計管理
○契約関係
○食材在庫管理
○買い物のリマインド
○植物の水やり

Column 5

季節を楽しむ

引っ越しして最初の年のクリスマスはドライの枝もので季節を楽しみました。畳ベッドのそばにスツールを置いて花台にしているのですが、そこにドライのコットンツリーと白く塗装された枝を飾りました。花屋で店員さんにリビングの写真をお見せして花瓶の高さを伝えて相談し、クリスマスツリー的に楽しめるこのセットを薦めてもらったのです。これだけでも素敵ですが、飾り付けが苦でない人なら、白い枝にオーナメントを吊るしたりしてもより楽しめるのではと思います。ナチュラル系の和モダンな雰囲気にも合っていて満足でした。白系かつドライで通年楽しめる色合いだったので、クリスマスが終わった後もそのまま飾っています。

また私は一年の中で最も夏が好きです。以前グアムで夕暮れの海に入った際に、水温と体温が近く、海と自分が一体になったような感覚を覚え、とても心地よかったのです。それ以来、水中に入ってたゆたうのがとても好きになりました。しかし本州で海に入れる期間は一瞬です。海開きの7月下旬からお盆まで1ヶ月もない上、休日が晴れるとも限りません。海やプールに行けるチャンスは数回しかありません。どんなに仕事が立て込んでいても泳ぎにいく予定を入れられるよう計画し、夏を満喫できるよう心がけています。

Part
6

心地よさを
つくるために

がんばる毎日に
これがあれば。
心地よさや癒しを
与えてくれるものたち。
あなたにとっては
何ですか？

自分を変えられたスキンケア

肌質に向き合ってみて

好きな舞台が終わり燃え尽き症候群になっていたのですが…
好きなものに向いていたエネルギーが悲しみの方に向かってつらかった
このまま塞ぎ込んでいてもしょうがないと思い
すくっ
未来に楽しみがほしい…
舞台に出ていた俳優さんのイベントに行ってみました
人生初のチェキ会にも参加することに
※推しとチェキが撮れる
マスクを外して撮影だったので軽く化粧を直すことに
脂とり紙使う?
ありがとう〜
外出時の日中に久々にマスクを外して鏡をチェックしたところ…
パカッ
えっ…私の肌ってこんなに乾燥してたんだ?!
ニキビ薬を塗っている口周りが乾燥し皮ふが剥離している…
ニキビ跡隠しに塗ったコンシーラーが浮いている
この3年トイレの鏡で顔を見る時はマスクをしてて気づかなかった
リップが優秀で塗り直しも不要だった…

あまりの乾燥っぷりに衝撃を受けて
根本的にニキビ対策することを決意
成分を調べ洗顔から化粧品まで変えてみました
皮脂抑制はこの成分がいいのか〜
「SNSでバズっているものを買う」のをやめて
肌の悩みが近い人の発信を参考に買い物し1つずつ試していきました
肌のうるおいを奪いすぎない洗顔
化粧水〜乳液
ベースメイクをグリセリンフリーに
すると1ケ月半後には肌に変化が…!
34歳にして人生最大級に肌がキレイになったのです!
20年以上、毎日1つは新規ニキビができていたのが月に1個くらいにまで激減しました
緑が乾燥、赤がベトベトだったのが、全体的にうるおいつつベタつかないベストな状態に整いました。
一生治らないかと思ってた…!
推しのおかげで長年の悩みを解決するきっかけをもらえました
何年も皮ふ科受診もしていたけどスキンケアも大事だった!と実感しています

スキンケア

---- 混合肌の私は、ベタつくゾーンは皮脂抑制が大事、
それ以外の乾燥ゾーンは保湿が大事だと気付き、
「ベタつかない且つ保湿力のあるもの」を軸に選びました。

先行美容液

プラスキレイ
プラスGGベースセラム

毛穴が引きしまったと感じています。
グリシルグリシン6.5%！
グリセリンフリー。

化粧水

PHOEBE BEAUTY UP
モイスチャーバランスローション

グリセリンフリーは
乾燥しがちだけど
これはものすごく潤う！
でも全くベタベタしない。
何本もリピートしてます。

ビタミンC

KOSÉ
モイスチュアマイルド
ホワイトリペア
エッセンスC100

ビタミンC美容液
＋トラネキサム酸で
グリセリンフリーは珍しい
ので重宝してます。

美容液

LOV me Touch
NA12
リッチナイアシンアミド12%

皮脂抑制効果
を感じています。

乳液

TOUT VERT
ナノエマルジョン ディープ

化粧水みたいなサラッとした
テクスチャーなのに、
5種のセラミド配合で
しっかり潤う。朝起きた
時のベタベタがない感動。

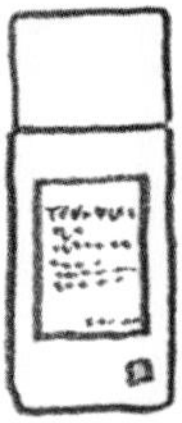

クリーム

ロート製薬
DRX AZAクリア

クリニック専売品。
アゼライン酸含有。
皮脂が抑えられて
ベトベトしなくなり
ニキビができづらく
なったと感じています。

手持ちの
全てのアイテム中
最も切らしたく
ない必需品。

メイクへ

ナイトパック

資生堂 IHADA
薬用ナイトパック

トラネキサム酸配合。
グリセリンは入っている
のですが、塗ってしばらく
するとベタベタしすぎず、
朝起きてかゆくなることは
ないので愛用しています。

使い始めて数週間で
夫から「肌白くなった？」
と言われた。

メイク

パウダー

ETVOS
カブキブラシ

NARS
ライトリフレクティング
セッティングパウダールースN

肌のベトベトが消える。
夜になっても肌サラサラ。

コンシーラー

TIRTIR
マスクフィットオールカバー
デュアルコンシーラー

ニキビ跡も比較的
キレイに隠せる。

色つき日焼け止め

&be
ブラックスポンジ

しっかり濡らして
から絞って
ティッシュで包んで
水分をとってから
使うと肌に
キレイになじむ。

DR.WU
サンスクリーン+モイスト
(日焼け止め 色つき)

毛穴に詰まりにくく
落としやすい。
これをBBクリーム的に
使っていて、ニキビが
できにくいので重宝
しています。

メイクオフ

美容愛好家
mimiさんの提唱している
ベビーオイル洗顔を
取り入れて1ケ月くらい
で角栓が目立たなく
なってきてニキビが減りました。

ジョンソン
ベビーオイル 無香料

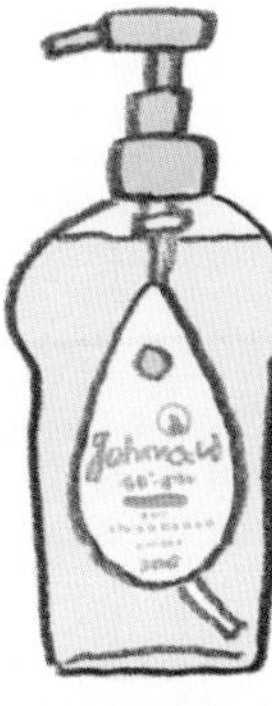

洗顔

泡立てて普通に
洗顔しています。

ETVOS
モイストアミノフォーム

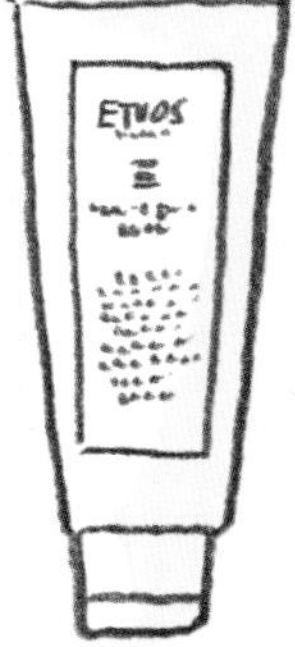

私の場合は、洗浄力が強すぎると
洗ってすぐはサッパリしても、
後々皮脂が出てオイリーになりがち。
かといって汚れが落ちなさすぎると
小鼻周りのベタつきが気になる。
こちらは洗い上がりがサッパリしつつ
肌を潤わせるセラミド配合で
やさしさ×汚れ落ちのバランスが良い。

34歳で肌質改善

人気商品が自分に合うとは限らない

34歳にして初めて「1週間連続でニキビができない」という経験をしました。したことは、似た肌質の人を参考にすること、成分を基準にアイテムを選ぶこと。私は混合肌で、額・小鼻・顎周りは脂性肌、頬周りは乾燥肌です。ニキビのできやすい前者は脂性肌の人を、後者は乾燥肌の人を参考にすることに。そして辿り着いたのが、スキンケアは基本的にグリセリンフリーにして、脂性肌部分にアゼライン酸を塗布して皮脂抑制すること、洗顔は肌の保湿成分を洗い流さない優しいものを選択。ベースメイクは、酸化亜鉛・グリセリンフリーの色つき日焼け止めを使用。正解は人によって違うと思いますが、私自身は今回の肌の変化に感激しています。

死ぬまで生きる日記
土門蘭
「楽しい」や「嬉しい」という
感情は味わえるのに、
どうして「死にたい」と
思うんだろう？
カウンセラーとの対話を通して、
ままならない自己を
見つめた記録。
生きのびるブックス
定価（本体1,900円+税）

自分の心を眺めるために

物事は終わっても、なくならない

心の支えにしていた舞台が終わり心に穴が開いてしまい「終わること」について考えたいと思っていたときに出会った『死ぬまで生きる日記』（土門蘭著）。希死念慮をもつ土門さんとカウンセラーの方との対話を描いたエッセイです。作中で信頼していたカウンセラーの本田さんのカウンセリングを受けられなくなるとわかった土門さんは別れが辛く、足元が崩れ落ちるような絶望感を覚えます。そこで二人は終わりについて考えていきます。目の前からいなくなっても、その人と対話するように文章を書くことで、この先何度でも出会える、その考えにとても救われました。別れがあっても出会いはなくならない。別れや終わりを受け入れる気持ちになれる本でした。

やりすぎた…
ここまでいくと
やりすぎですが…
10~15分で終わるくらい
ならいいのでは

逃避行動としての掃除

家事がリフレッシュに

　ふしぎなもので仕事の締め切りに追われている時ほど掃除したくなります。学生時代にテスト勉強している時ほど掃除が捗《はかど》った人は多いのではないでしょうか。目の前の考えなければいけないことからの逃避行動としての掃除です。同じ作業でも魅惑的に感じるときにやるのとそうでないのとでは気分のノリ具合が大きく違います。

　押し入れの中を全部出すようなことはやりすぎですが、10分15分でできそうならそのままやればいいと思います。動く瞑想みたいなもので思考がまとまったりもしますし、私の場合、案外トイレ掃除をしている時が一番アイデアが降りてきたりします。というわけで、そういう時はそのまま掃除をしてしまっています。

半日空いたら絵を見にいく

エネルギーが満ちるひととき

仕事に追われて悶々としていたある日、色鉛筆で風景画を描くdannyさんというイラストレーターさんの展示を見に行きました。絵から発されるエネルギーに圧倒され、会場を出る頃には来る前と比べ物にならないくらい気持ちが晴れやかになっていました。そんなわけで、最近は半日時間が空いたら絵の展示を見にいくのが楽しみになっています。Instagramなどで行きたい展示を見つけてはブックマークの「行きたい」フォルダに保存。友人や夫と見にいくことが多いので、作品を鑑賞した後はカフェに入って「あの絵がよかった、ここがよかった」など感想を共有するのも楽しい時間。作品を見ると自分もやる気がチャージされて、また月曜日から仕事を頑張れます。

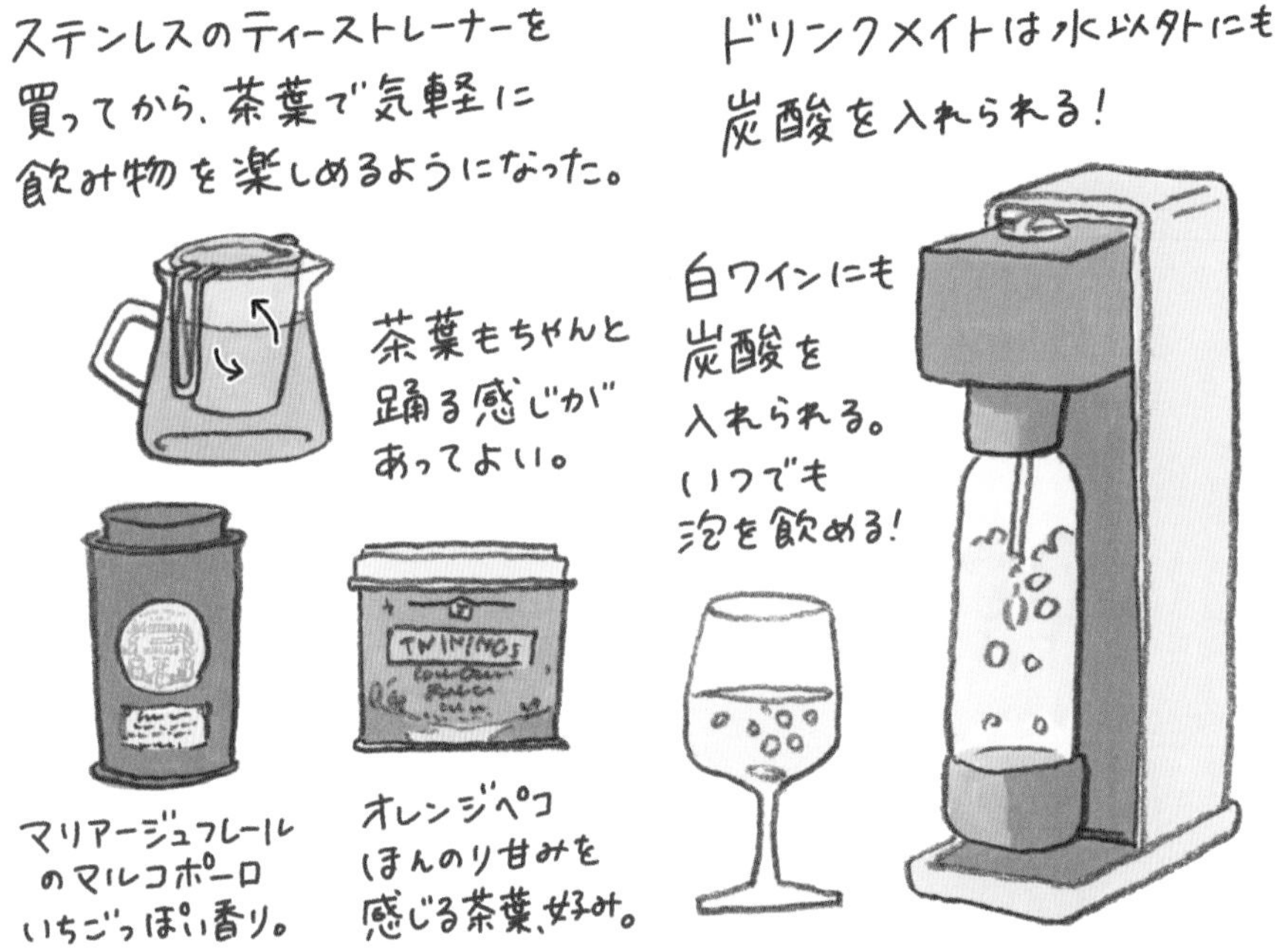
ステンレスのティーストレーナーを
買ってから、茶葉で気軽に
飲み物を楽しめるようになった。
ドリンクメイトは水以外にも
炭酸を入れられる!
茶葉もちゃんと
踊る感じが
あってよい。
白ワインにも
炭酸を
入れられる。
いつでも
泡を飲める!
TWININGS
マリアージュフレール
のマルコポーロ
いちごっぽい香り。
オレンジペコ
ほんのり甘みを
感じる茶葉、好み。

炭酸水と好きなドリンク

仕事中のささやかな楽しみは好きな飲み物を用意すること。お気に入りの炭酸水メーカーはワインやオレンジジュースなど水以外のものでも炭酸を入れられます。私はもっぱら炭酸水にレモン果汁を入れています。スカッとするし、クエン酸が疲れに効くように思います。

冬場は温かい飲み物を淹れます。コップにも入れられるステンレスの取っ手付きティーストレーナーが便利で、ティーバッグ以外の飲み物もサクッと作れるし、濃くなりすぎる前に茶葉を取り出せます。紅茶、台湾茶、緑茶などを楽しんでいます。最近は食事・睡眠・お風呂以外はすべて仕事というくらい業務時間が長いので、どんな作業中も飲み物で自分を楽しませています。

欠かせない「長めのお風呂」

お風呂は第2のリビング

季節を問わずお風呂が日々の楽しみ。忙しい時などに一日スキップしたり、シャワーだけで済ませることがありますが、それだと本当に味気なく、「なんのために頑張っているの？　一日の中に楽しみがなければ」と思って最近は締め切り前だろうが必ず湯船に浸かる時間は確保しています。入浴時間は1時間半くらい。椅子に座りっぱなしだと手先足先などの末端が冷えます。特に冬場などはあったか靴下を履いても寒くて、湯船は唯一快適に過ごせる場所です。湯船をリビングの延長と考えて、そこでゆったりくつろいでいます。ｉＰｈｏｎｅを持ち込み、読書もするし動画も見ます。ＳＮＳチェックや音ゲーもします。欠かせない毎日の大切な時間です。

未来に楽しみを

久しぶりに没頭した小説

久しぶりに小説を読んだら、読書ってこんなに楽しかったのだっけ?と驚き、未来に楽しみってこんなにあったんだと思えた出来事を紹介します。

実はここ4年ほど、読書の時間が取れない日々が続いていました。仕事が忙しく、趣味の時間がなかなか取れませんでした。布団の中で横になってから眠りにつくまでの間に時間はあるものの、疲れからか長くて意味のある文章を読むのが辛く、Xなどの短文を読んでいました。電車に乗ったときに10分など短い時間なら読書をする習慣は残っていましたが、それもその場その場で文章を読んで完結できるような新書系やエッセイばかりになっていて、もう小説は読めないのかも、これが老化?とうっすら

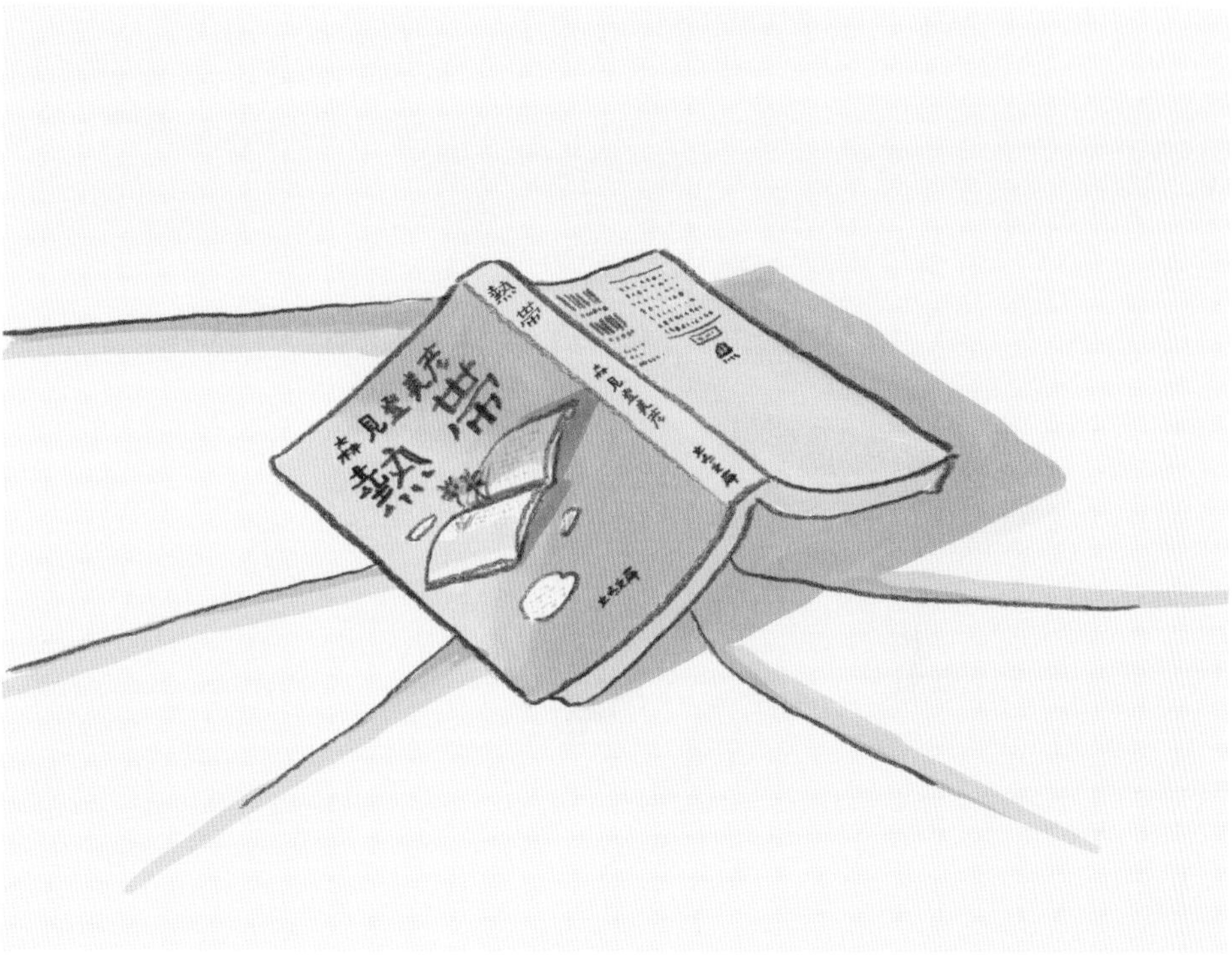

落ち込む日々でした。

　そんなときに、ふと青山ブックセンター本店の店員さんセレクトの本棚を眺めていたら、ある小説が目につきました。それは森見登美彦さんの『熱帯』。大学時代に好きでその頃発行されていた著作はほとんど読んだくらい好きだった作家さんです。手に取ると今の自分にとっては怯むくらい分厚い５００ページ以上の本でした。読めるかな…と不安に思ったものの、読みたい気持ちが勝り、珍しく紙の本を買いました。

　初めは少しずつしか読み進められませんでしたが、2章に突入する頃にはあまりにも物語が面白くて引き込まれ、眠れなくなりそうなほど夢中になっていました。また小説を読める喜びに胸が弾み、いろんな本を読みたいと思えて未来に楽しみがたくさんできた出来事でした。

おわりに

立ち止まる時間を大切に

この一年は、変化の多い年でした。

家を購入し引越ししたり、イラストコンペで受賞しイラスト展示をしたり、長年推していた舞台が終焉を迎えたり、物理的にも心理的にも慌ただしい日々でした。環境の変化に対応するのは心身共に負担がかかりますが、家がとびきり好きな空間だと帰宅するだけで心が癒されます。

朝起きて扉を開き、光が燦々と入るすっきりしたリビングダイニングが視界に入ると、ああ、この家が好きだなぁ、この暮らしが好きだなぁと思います。自分の陣地があるから頑張れる。元々散らかしやすい性格の自分でも簡単に片づけられるように、物量を減らしものの住所を決めて住みやすくカスタマイズしたこの家。生きていく上で一番長い時間を過ごす「家」が整っていることの効用がどれだけ大きいかを日々感じています。

この一年は引越しを機に照明や家具といったハード面での大きなものや、毎日続いていくからこそ日々への影響の大きい家事などを見直してきました。今後は、時短化して生まれる時間をがむしゃらに働くことに使うので

ありがとう
ございました

はなく、人間活動に使いたいと思っています。人間活動、具体的には夕日を見る時間至上主義で暮らしたり、散歩したり、ぼーっと景色を眺めたりしたいです。毎日は気づけばどんどん過ぎていってしまいますが、意識して余白をつくり心がくつろげる時間を確保したいと思っています。

この本では、新生活や仕事でバタバタと忙しい中、10分でも、と合間を縫って取り組んできた暮らしの見直しをまとめました。そのどれかひとつでも参考になって、読んでくださったあなたの心にゆったりできる余白をつくるお手伝いができたら良いなと思います。

最後に、本書の制作に関わってくださった方々に御礼申し上げます。私の四方八方へ散らかっていく思考をまとめて本作りを導いてくださった編集の油利可奈さん、素敵な誌面を作ってくださったデザイナーの吉村さん、大橋さん、原稿期間、寄り添って並走してくれた夫、そしてこの本をお手に取ってくださった方へ、心から感謝申し上げます。最後までお読みいただきありがとうございました。

おふみ

おふみ

イラストレーター、ミニマリスト。整理収納アドバイザー1級。汚部屋状態から一念発起、2014年から片づけを開始。2015年からミニマルな生活を綴るブログをスタートし、人気に。イラストレーターとしては、2023年、ペーターズギャラリーコンペで「スージー甘金賞」を受賞。著書に『小さな暮らしは生きやすい』（大和書房）、『おふみさんの捨てログ』（文響社）などがある。

blog　https://www.minimalistbiyori.com/
Instagram　@ofumi_3
YouTube　https://www.youtube.com/channel/UCrhw-2rnDD6TmyeSMdMQQAg

暮《く》らしを見《み》直《なお》す10分《ぶん》間《かん》
気《き》持《も》ちに余《よ》裕《ゆう》ができるアイデア

2024年6月20日　第1刷発行

著者　おふみ
発行者　佐藤 靖
発行所　大《だい》和《わ》書房
東京都文京区関口1-33-4
TEL03-3203-4511
デザイン　吉村 亮、大橋千恵（Yoshi-des.）
写真　著者
校正　円水社
本文印刷　光邦
カバー印刷　歩プロセス
製本　小泉製本

ISBN978-4-479-78607-8

https://www.daiwashobo.co.jp